KB234975

어떻게든
쓰겠다는
다짐

어떻게든
쓰겠다는
다짐

주얼 산문

eastend

사진_ 해막

사진작가이자, 서점 〈부비프〉의 대표.
사진문장집 『간지럽게 물드는 계절』(2020), 『그림자 무용』(2023)을
발표했다.
@haemak_photo

어떻게든 쓰겠다는 다짐

주얼 2025

초　판 1쇄 펴낸날 ｜ 2025년 3월

지은이 ｜ 주얼
편　집 ｜ 주얼
디자인 ｜ 주얼
제　작 ｜ 주얼

펴낸곳 ｜ 이스트엔드
펴낸이 ｜ 주얼
이메일 ｜ eastend_jueol@naver.com
S N S ｜ @eastend_jueol

ISBN ｜ 979-11-977460-8-6-03810

이 책은 성북문화재단의 창작지원사업 「프로젝트앳@」(2024)의 지원을
받아 제작되었습니다.

잘못 만들어진 책은 구입처에서 교환해 드립니다.

The long and winding road that leads to your door
will never disappear.

당신의 문으로 이끄는 길고 구불구불한 길은
절대 사라지지 않을 거예요.

The Beatles, 〈The long and winding road〉
(Lennon - McCartney, 1970)

이 책은 작년 1월, 14년 간의 직장 생활을 끝내고 마침내 시작한 전업 작가의 생활을 쓴 에세이를 모았습니다. 2024년 2월부터 2025년 1월까지 만 1년, 총 52주간 매주 목요일마다 글쓰기 모임(부비프 목요글방)에서 쓴 52편의 에세이가 수록되어 있습니다. 차례는 날짜순입니다.

처음에는 52편 중 잘 쓴 글만 골라 수록해야 하는 건 아닌가 고민했습니다. 서투르고 투박한 글도 분명 있으니까요. 하지만 1년 내내 거세게 흔들리던 제 감정을 온전히 전달하기 위해선 결국 52편이 모두 필요하다는 결론에 도달했습니다. 여기 수록된 글에는 겨울에서 봄, 여름, 가을을 지나 다시 겨울이 오기까지 4계절이 한 바퀴 도는 동안 전업 작가로 생활하면서 느꼈던 설렘과 기대, 기쁨과 만족, 의심과 두려움, 그리고 불안과 결심의 순간이 가감 없이 담겨있습니다. 비록 부끄럽고 부족한 글이지만, 아무쪼록 너그러운 마음으로 편안하게 읽어주시길 바랄 뿐입니다.

사실, 이전까지 에세이를 제대로 써본 적은 없습니다. 소설과 달리 저의 생각과 감정을 솔직히 드러내는 게 부끄러웠거든요. 그럼에도 전업 작가 생활을 에세이로 써보자고, 심지어 매주 한 편씩 써보자고 결심한 이유는 전업 작가로 지내는 저의 모습을 똑바로 마주하고 조금 더 깊이 들여다보고 싶었기 때문입니다. 수없이 흔들리고, 넘어지고, 부서지고, 그러면서 어쩌면 조금이나마 성장할지도 모를 저라는 사람을 있는 그대로 솔직하게 바라보고 기록해두고 싶었습니다.

매주 전업 작가로서 겪은 경험과 감정을 짧은 글로

적어나갔습니다. 그렇게 한 편 한 편 에세이가 쌓여가
니 어디선가 목소리가 들려오기 시작했습니다. 계속 나
아가겠다고, 보다 진실해지겠다고, 꾸준히 쓰겠다고.
그건 바로, 선택을 믿고 불안과 의심을 넘어 어떻게든
쓰겠다고 다짐하는 제 마음의 목소리였습니다.

이 책에 수록된 52편의 에세이는 모든 게 불확실한
순간에도 어떻게든 쓰겠다고 다짐하는 저의 의지를 한
글자 한 글자 깊고 선명하게 새긴 글들입니다. 불안과
의심을 떨쳐 내고 스스로 용기를 북돋우며 앞으로 계속
나아가게 하는, 저에겐 너무나 감사하고도 소중한 글들
이기도 하죠. 어쩌면 제 이야기가 당신에게 너무 사적
이고 사소하게 여겨질 수도 있습니다. 하지만 아무래도
괜찮습니다. 그저 저의 진심만, 앞으로도 멈추지 않고
계속해서 쓰겠다는 진심만 당신에게 가닿을 수 있다면
요. 부디 그럴 수 있기를 바랍니다.

2025년 3월
전업 작가로 사계절을 보내고,
주얼 드림

차례

겨울에서 ________________ 봄

2월부터 4월까지

마침내, 전업 작가

01

소박하지만 소중한

———————

2024.02.01.

퇴사했다. 마침내.

2010년 2월 1일. 난 첫 직장에 출근을 시작했다. 중간에 한 번 이직할 때 일주일 쉰 것을 빼면, 지금까지 14년 동안 꾸준히 일했다. 비록 최선을 다해 열심히 일했던 시간보다 그렇지 않았던 시간이 더 많긴 했지만 짧지 않은 나의 인생에서 가장 꾸준하게 오래 한 행위가 바로 직장 생활이다. 그러니 이 정도면 스스로 작은 칭찬 정도는 해주어도 괜찮지 않을까. 여기까지 잘 버텨왔다고. 그동안 정말 고생 많았다고.

물론 일을 그만두었다고 해서 고생이 끝나고 안락한 삶이 시작되는 건 아니다. 어쩌면 더 힘들고 어려운 삶이 시작될지도 모른다. 아니지. 가정형으로 말하는 건 너무 무책임하다. 이제 곧 더 힘들고 어려운 삶이 시작될 것이다. 분명히. 조직에 속해있다는 안정감, 한 분야에서 10년 넘게 일하면서 얻은 전문성과 자부심, 그리고 결코 많다고 할 수는 없지만 매월 고정적으로 들어오던 급여. 이 모든 것들 모두 다 안녕이다. 이렇게 쓰고 나니 괜히 짠하고 아쉽다.

그런데도 난 퇴사를 선택했다. 이유는 확실하다. 지금 내가 가장 좋아하고 원하는 것에 집중하기 위해. 바로 소설을 쓰고 책을 만드는 삶, 전업 작가의 삶을 시작하기 위해서다. 물론 이러한 나의 선택에 걱정과 불안이 따를 것을 안다. 하지만 그보다 설렘과 즐거움이 훨씬 더 클 거라고 확신한다. 그래서 앞으로 맞이할 걱정과 불안도 즐겨보려 한다. 먼 옛날 공자님께서도 그러지 않으셨던가. 즐기는 자가 최고라고.

즐기고 싶다고 무턱대고 즐겨서는 안 된다. 제대로

즐기기 위해선 전략과 부단한 노력이 필요하다. 전략과 노력이라고 하니 뭔가 거창한 것 같지만, 적어도 지금 내게 있어 그리 대단할 필요는 없다. 그저 반복되는 불안에 잠식되어 내 선택을 후회하지 않게끔만 해줄 수 있다면, 반짝이던 초심이 흐릿해지지 않게끔만 해줄 수 있다면 충분하다. 아마도—보통 루틴이라고 부르는—일상에서 반복하는 작은 습관들이 그렇게 만들어줄 것이다. 생각해 보면 내가 지난날 수도 없이 일을 그만두고 싶은 유혹에 시달리면서도 14년 동안 견딜 수 있었던 건 직장 생활 외적으로 나만의 루틴을 유지하려고 노력했기 때문 아니었나 싶다. 출근하기 전 최소 30분 이상은 카페에서 조용히 나만의 시간을 가졌고, 비용과 시간을 들여 운동과 취미 생활을 꾸준히 했으며, 정기적으로 여행을 다녀왔다. 그렇게 반복되면서 쌓인 시간은 고된 직장 생활에도 내가 무너지지 않고 단단하게 버틸 수 있도록 해주었다.

이제는 이전보다 시간에 여유가 생겼지만 경제적인 여유는 부족해졌기에 그에 맞는 새로운 습관이 필요하다. 지금 생각하는 건 이런 것들이다. 너무 늦지 않게

전략과 노력이라고 하니 뭔가 거창한 것 같지만,
적어도 지금 내게 있어 그리 대단할 필요는 없다.
그저 반복되는 불안에 잠식되어
내가 한 선택을 후회하지 않게끔만 해줄 수 있다면,
반짝이던 초심이 흐릿해지지 않게끔만 해줄 수 있다면 충분하다.

일정한 시간에 일어나 그동안 바쁘다며 걸렀던 아침 식사 가볍게 하기. 짧은 분량이라도 책을 읽고 음악을 들으며 마음에 드는 문장 필사하기. 시간을 내서 너무 길지 않게 산책하고, 일주일에 두 번 이상은 숨이 찰 정도의 운동하기. 이 외에도 다양할 것이다. 대부분은 이전처럼 뭔가 거창하거나 큰 비용이 필요치 않은 소박한 습관이다. 하지만 새롭게 시작된 내 삶의 방향을 잡아 주고 길을 잃지 않게 해 주는, 내겐 무엇보다 소중한 습관이다.

작년에 발표한 소설 「최선의 선택」에는 원하는 삶을 위해 퇴사하는 기혁이란 인물이 나온다. 그는 이렇게 말한다. 자신이 나침반도 없이 망망대해에 떠 있는 것 같고, 어디에 닿을지 알 수 없다고. 하지만 어디에 닿을지 알 수 없다는 거, 그게 멋진 것 같지 않냐고. 그는 불확실한 미래를 두려워하기보단 선택의 순간에 느끼는 설렘을 즐기고 어떠한 결과도 담담하게 맞이하는 태도의 인물이다. 소설에 언급되진 않았지만, 그의 그런 태도는 분명 단단한 믿음과 함께 자신감을 갖게 해 주는 소박하지만 소중한 습관이 바탕이 되지 않았을까.

전업 작가를 시작한 나의 삶도 그러한 습관들로 채워나가고 싶다. 시간이 걸릴지도 모르고 생각만큼 쉽지 않을 수도 있지만, 천천히 그리고 꾸준히 만들어 나가보려 한다. 그러다 보면 언젠간 습관들이 다채롭고도 풍요롭게 내 삶을 채울 것이라 믿는다. 소박하지만 소중한 습관으로 충만한 전업 작가의 삶이라니. 상상만 해도 너무나 행복하다.

제가 좋아하는 작가 무라카미 하루키는 꾸준히 달린다고 합니다. 하루키를 좋아해서 모든 걸 따라하고 싶지만, 아…… 달리기는 아무래도 힘들 것 같습니다.

02

두부의 위로

2024.02.08.

퇴사 이후 집에서 지내는 시간이 많아지니 집밥을 자주 먹고 있다. 보통 집밥은 밖에서 사 먹는 자극적이고 건강하지 못한 음식과 반대되는 순하고 건강한 식사를 상징하곤 한다. 때론 어머니의 사랑 또는 행복한 가정과 같은 낭만적인 의미로 여겨질 때도 있다. 그만큼 집밥은 신체적으로나 정서적인 차원에서 편안하고 안정감을 주는 존재이다. 나도 직장 생활할 때 그랬다. 조미료가 과하게 들어간 음식에 질렸을 때, 또는 사회생활에 이리저리 치여 심신이 피로할 때 나도 모르게 "아, 집밥 먹고 싶다"라고 자주 탄식했다. 그래서 가끔 먹는 실제 '집밥'이, 아니면 집밥 같은 식사를 파는 식당이 그렇게 소중할 수 없었다.

　그런데 요 며칠 집에서 계속 밥을 먹고 있으니 집밥은 그냥 말 그대로 집에서 먹는 밥 그 이상도, 그 이하도 아니게 되었다. 심지어 집밥은 이제 질려서 식당에서 파는 과도하게 맵고 짜고 단 음식이 그리워진다. 얼마 전까지만 해도 그렇게 집밥을 원했는데 말이다. 아무리 소중하고 고마운 것도 흔해지고 쉽게 얻을 수 있게 되면 그 가치를 잊게 된다는 사실을 이렇게 또 깨닫게 된다.

　집에서 밥을 해 먹으며 가장 자주 사용하는 식재료는 두부와 계란이다. 특히 두부는 거의 빠지지 않았는데 때로는 생으로(물론 김치나 양념장과 함께), 때로는 부침으로, 그리고 때로는 조림으로 그 형태를 다양하게 변주해 가며 식탁 위에서 듬직하게 자리를 지켰다. 꼭 주 반찬이었던 것도 아니다. 종종 된장찌개와 김치찌개에 과하지 않게 살포시 들어가 자칫 단조로울 수 있는 맛과 식감을 풍부하게 해주는 역할을 하기도 했다.

그러고 보면 두부라는 식재료가 그런 것 같다. 다양한 모습으로 활용 가능한데, 메인 원톱으로 나서도 부족함 없이 훌륭하고, 다른 식재료 또는 양념과 어울리면 화려하진 않지만 든든하고 단단하게 받쳐주는 존재. 마치 주연으로도, 그리고 조연으로도 안정적이고 확실한 존재감과 능력을 보여주는 다재다능한 배우 같다고나 할까. 가히 식재료 계의 안성기와 윤여정이자 로버트 드 니로와 메릴 스트립이라 부를 만하다.

내가 이렇게까지 두부를 칭송하는 건 사실 두부를 많이, 아니 굉장히 좋아하기 때문이다. '굉장히'라는 부사가 중요한데, '보통 이상으로 대단하게'라는 의미이다. 그렇다. 난 두부를 보통 이상으로 대단하게 좋아한다. 내게 좋아하는 음식이 뭐냐고 물으면 난 삼겹살과 평양냉면이라고 답하곤 하지만, 이는 사실 외식 등 가끔 특별하게 먹는 음식 중 고른 것이다(물론 삼겹살은 가끔 보다는 자주, 아니 솔직히 말하면 아주 자주 먹긴 한다). 그에 비해 두부는 뭐랄까, 내게 있어 너무나 편안하고 익숙해서 특별함을 인지하지는 못하지만 곁에 있는 것만으로도 의지가 되는 오래된 친구 같은 음식이라고 할 수 있다.

그리고 오래된 친구가 그렇듯 두부는 내게 뜻하지 않은 따듯한 위로를 건네기도 한다.

언젠가 고된 야근을 끝내고 10시가 넘어 퇴근한 날이었다. 지하철역에서 나와 터덜터덜 집으로 걸어가는데 무슨 영광을 누리자고 이렇게 살고 있나, 언제까지 이렇게 살아야 하나, 라는 생각이 불쑥 들었다. 그러자 기분이 씁쓸하고 우울해졌다. 헛헛해진 기분을 달래야 했고, 무언가 먹고 싶었다. 가장 손쉬운 방법은 배달 음식이었다. 하지만 자극적인 음식은 순간적인 쾌락만 줄 뿐 진정 어린 위안을 줄 수 있을 것 같지 않았다.

난 마트에서 두부 한 모를 샀다. 특별한 이유도 없이 두부조림이 먹고 싶었다. 집에 도착하자마자 쌀을 씻어 전기밥솥에 안친 뒤 두부를 잘라 밑간을 하고 달궈진 프라이팬에 올렸다. 두부가 구워지는 사이 잘게 썬 파를 듬뿍 넣어 양념간장을 만들고, 노릇노릇 구워진 두부에 부어 뭉근한 불로 조렸다. 다른 생각은 하지 않고 오로지 조리 과정 하나하나에 집중했다. 무거운 피로감도, 울적한 기분도 두부조림을 만드는 순간만큼은 잊었다.

마침내 완성된 두부조림을 접시에 담았다. 다른 반찬은 필요 없었다. 홀로 식탁에 앉아 김이 모락모락 나는 하얀 쌀밥 위에 양념이 알맞게 밴 두부조림 한 조각을 얹어 입안에 넣었다. 그 순간, 난 분명 느꼈다. 두부가 날 위로한다는 걸. 포근하고 부드러운 식감과 짭조름한 양념을 머금어 밥과 함께 어우러진 소박한 풍미로 오늘 하루 고생했다고, 너의 삶은 무엇보다 소중하다고, 그러니 근심하지 말고 맛있게 먹고 힘내라고. 눈물이 날 것 같았다.

❧

내가 그때 느낀 두부의 위로는 분명 흔치 않은 특별한 순간이었다. 그날 이후로 두부는 다시 그저 편하고 익숙하게 즐길 수 있는, 그래서 소중함을 망각한 음식이 되었다. 하지만 언젠가 지치고 외롭고 흔들리는 그 순간, 난 분명 느꼈다.
두부가 날 위로한다는 걸.
포근하고 부드러운 식감과
짭조름한 양념을 머금어 밥과 함께 어우러진 소박한 풍미로
오늘 하루 고생했다고,
너의 삶은 무엇보다 소중하다고,
그러니 근심하지 말고 맛있게 먹고 힘내라고.
눈물이 날 것 같았다.

순간을 또다시 맞이한다면, 난 그때처럼 두부를 찾을지 모른다. 그러면 두부는 늘 그랬듯 가만히 내게 다가와 다양한 형태로 소박하지만 따스하고 다정한 위로를 건넬 것이다.

비록 잠시 잊을 때도 있지만 늘 곁에 있기에 진정 필요한 순간에 함께 하는 존재. 소중한 건 그렇다.

두부 요리 중 순두부 찌개도 좋아합니다. 전 양념 없이 하얗게 끓인 순두부 찌개에 양념장을 조금씩 넣어 먹는 걸 좋아하는데요, 식당에선 보통 빨간 국물의 순두부 찌개를 많이 팔더라고요.

03

파도가 멈추지 않듯

____

2024.02.15.

취미가 무엇이냐는 질문을 받았을 때 이십 대 중반 까지는 딱히 내세울 만한 게 없었다. 책을 읽거나 영화 보는 걸 좋아하긴 했지만 취미라고 하기엔 뭔가 부족하고 아쉽다고 느꼈다. 사전에서는 '전문적으로 하는 것이 아니라 즐기기 위해 하는 일'이라고 취미를 정의하는데, 당시 내가 즐기기 위해 했던 거라곤 친구들과 만나 술을 진탕 마시며 시답지 않은 얘기나 지겹도록 떠들어 대는 것 정도였다. 지금 생각하면 왜 그리 시간을 헛되이 보냈는지 아쉬움만 가득하다.

이십 대 후반이 되어 직장 생활을 시작하면서부터 제대로 된 취미를 즐기기 시작했다. 아무래도 경제적인 여유가 생긴 만큼 비용이 소요되는 활동을 부담 없이 해볼 수 있었다. 수영, 사회인 야구, 테니스 등 생각만 했던 운동을 시도해 보았고, 미술 학원에서 스케치를 배우기도 했으며, 조금 비싼 카메라를 사 이곳저곳 다니며 사진을 찍기도 했다. 그렇게 시작했던 여러 취미 활동 중 피아노 연주도 있었다. 이전부터 악기 하나 정도는 배워 보고 싶었는데, 드럼과 피아노를 고민하다 결국 피아노를 선택했다.

2013년 5월, 종로구 명륜동의 한 음악 학원에 등록하며 시작하게 된 피아노 레슨은 지난달 마지막 레슨을 끝으로 아쉽지만 당분간 그만두게 되었다. 중간중간 개인 사정으로 한두 달 정도 레슨을 쉰 적은 있지만 총등록 기간은 10년이 넘었다. 일주일에 1회 50분 레슨이었으니 대략 계산해도 횟수로 500회에 시간으로 400시간 이상이었으며, 연습한 시간까지 포함하면 족히 1천 시간 이상 피아노 앞에 앉아 건반을 두드렸다. 이렇게 얘기하면 상당한 연주 실력을 자랑해야 할 것 같지만 사람들 앞에서 저 10년간 피아노 배웠어요, 라고 말하기에는 부끄럽게도 처참한 연주 실력이다.

'1만 시간의 법칙'을 들어보셨는지. 1993년 한 연구를 통해 발표되고 이후 말콤 글래드웰의 저서 『아웃라이어』를 통해 전 세계적으로 대중화된 이론이다. 그 의미에 관한 여러 갑론을박이 있지만 쉽게 말하자면 "무엇인가에 전문가가 되려면 1만 시간을 투자해야 한다"는 내용이다. 1만 시간은 하루도 쉬지 않고 매일 12시간씩 투자한다 해도 2년 넘게 걸리는 시간이다. 그런데 여기서 1만 시간은 단순히 그 행위를 하는 모든 시간의 총합이 아니다. 고도로 집중하고 전문가로부터 피드백을 받으며 끝없이 갈고닦는 과정을 반복하는 '의도적인 연습'의 시간을 의미한다.

이런 기준에서 보자면 나의 피아노 실력이 엉망인 건 어쩌면 당연하다. 고작 400시간 정도로 뭐 얼마나 멋진 연주를 할 수 있겠는가!, 라고 당당히 핑계를 대고 싶지만, 나의 실력은 400시간을 투자했을 때 예상되는 실력에도 한참 못 미치기에 그냥 조용히 있는 게 좋겠다. 하지만 10년 동안 중간에 그만두지 않고 꾸준히 피아노 레슨을 이어간 건 자랑해도 괜찮을 것 같다. 난 보통 무언가에 쉽게 싫증을 내고 흥미를 잃곤 하는데, 가끔 이렇게 스스로 놀랄 정도로 꾸준히 하는 것들이 있다. 아마도 피아노 연주가 재밌던 게 가장 큰 이유겠지만, 그동안 듣기만 하던 곡들을 내가 직접 연주할 수 있게 되었을 때의 성취감도 레슨을 꾸준히 받게 한 중요한 이유 아니었나 싶다.

2022년에 발표한 소설 「월간 윤종신」에서 '그녀'는 이렇게 말한다.

"난 꾸준한 게 좋아. 비록 사소한 일일지라도 파도가 멈추지 않듯 꾸준하게 한다면 그건 정말 굉장히 멋진 일이라고 생각해."
_「월간 윤종신」 중(『여름의 한가운데』, 2022)

당시 소설을 쓸 때도, 그리고 지금도 난 여전히 그렇다고 믿고 있다. 자신의 분야에서 뛰어난 성과를 내는 건 분명 중요하지만, 내게 있어 그에 못지않게 중요한 건 비록 의도했던 결과가 나오지 않더라도 그 일이 가치 있다고 믿는다면 꾸준히 오랫동안 하는 것이다. 1만 시간의 법칙이 무언가를 이루기 위한 물리적인 시간의 중요성을 말하고 있다곤 하지만, 어쩌면 본질은 그 시간을 확보하고 견뎌내기 위한 꾸준함의 중요성을 내포하고 있는 건 아닐까. 꾸준히 지속되는 행위는 화려하진 않을지언정 분명 의미 있는 자취를 남긴다. 마치 긴 시간 계속해서 떨어지는 작은 물방울이 바위에 구멍을 뚫는 것처럼.

∾

성북구 동선동에 위치한 작은 서점 부비프의 글방을 통해 취미로 글쓰기를 시작한 해가 2020년이었다. 글방을 꾸준하게 참여하진 못했지만 글을 쓰는 행위 자체는 그때부터 지금까지 계속해 오고 있다. 글쓰기는 나에게 무엇보다도 즐겁고 행복한 행위가 되었다. 그리고 이제 난 글 쓰는 것을, 소설 쓰는 것을 업으로 삼게 되었다. 그러다 보니 단순히 즐거움을 얻는 것에서 그치지 말고 눈에 띄는 결과를 내야만 한다는 압박을 어쩔 수 없이 받게 된다. 그리고 불쑥불쑥 밀려오는 불안은 내가 과연 잘 해낼 수 있을지 종종 의심하게 만들기도 한다.

하지만 주사위는 던져졌으니 스스로 마음을 다잡고 이렇게 생각하려 한다. 글쓰기를 처음 시작했을 때부터 어림잡아 하루 10분씩이라 치면 지금까지 내가 글을 쓴 시간은 약 250시간 정도밖에 안 된다고. 1만 시간의 법칙을 기준으로 한다면 난 아직 걸음마도 떼지 못한 수준이라고. 그러니 불안과 의심으로 위축되고 주저하기보다는 그저 더 묵묵히, 그리고 꾸준히 글쓰기에 집중하자고. 파도가 멈추지 않듯 그렇게.

언젠가 강원도 양양 해변에서 파도를 넋 놓고 바라본 적이 있습니다. 끊임없이 움직이는 푸른 물결이 참으로 경이로웠습니다.

그러니 불안과 의심으로 위축되고 주저하기보다는
그저 더 묵묵히, 그리고 꾸준히 글쓰기에 집중하자고
파도가 멈추지 않듯 그렇게

04

준비의 시간

———————

2024.02.22.

며칠 전 이른 봄이 찾아온 듯 2월답지 않게 따듯한 날이었다. 버스로 세 정거장, 2㎞ 조금 넘는 거리를 가야 할 일이 생겼는데, 살짝 고민하다 날씨도 너무 좋고 시간에 쫓기는 일정도 아니어서 천천히 걸어가기로 했다. 편안한 옷차림에 운동화를 신고 집을 나섰다. 따사로운 햇볕을 받으며 걷고 있으니 괜스레 기분이 좋아졌다. 듣고 있는 노래에 맞춰 발걸음에 저절로 리듬이 실렸고, 난 평소보다 조금 더 빠르게 걸었다. 그렇게 10분 정도 걸었을까. 왼쪽 무릎에 찌릿찌릿 통증이 느껴지기 시작했다.

이런, 또 너구나. 깜빡 잊고 있었네.

난 무릎에 무리가 가지 않도록 속도를 살짝 늦춰야만 했고, 조금은 어정쩡한 걸음으로 목적지를 향해 걸었다.

약 10년 전, 난 한창 달리는 재미에 빠져있었다. 거의 매일 달렸던 것 같다. 출근 전 회사 지하에 있는 체육관에서 러닝머신 위를 뛰기도 했고, 퇴근 후 저녁에는 집 근처 중랑천 산책로를 뛰기도 했다. 길어야 고작 3㎞ 남짓 정도이긴 했지만 뛰고 나면 기분은 이루 말할 수 없이 좋았다. 그렇게 달리기에 재미를 붙여가고 있을 때 한 스포츠 브랜드에서 누구나 참가 가능한 마라톤 대회를 연다는 소식을 들었다. 한강 변을 10㎞ 달리는 코스였다. 재밌을 것 같아 난 친구와 함께 바로 신청했다.

호기롭게 신청했지만 10㎞는 결코 짧은 거리가 아니다. 오랫동안 꾸준하게 달린 것도 아니었고, 달리는 자세나 호흡 방법 등을 제대로 배운 적도 없었다. 심지어 쉬지 않고 5㎞를 넘게 달려본 적은 단 한 번도 없었다. 10㎞를 무사히 달리기 위해선 연습이 필요했다. 그건 선택이 아닌 필수였다. 하지만 난 그렇게 하지 않았다. 무슨 자신감이었는지 모르겠지만, 평소에 달리는 것만으로 10㎞ 정도는 충분히 완주할 수 있다고 가볍게 생각하며 무작정 대회에 참가했다.

생각대로 완주는 했다. 하지만 아무런 준비 없이 달린 대가는 결코 가볍지 않았다. 중반까지는 그럭저럭 달렸지만 후반으로 접어들면서 처음부터 엉성하던 페이스가 급격하게 무너졌다. 엉망이 된 리듬과 호흡은 내 몸에 점점 부담을 주었고, 어느 순간부터 왼쪽 무릎에 조금씩 불편함이 느껴지기 시작했다. 그때부터라도 페이스를 조절하며 조심했으면 그나마 괜찮았을 텐데, 경솔했던 난 결승점까지 1㎞가 남았을 때 스퍼트를 낸다며 있는 힘 없는 힘 모두 짜내 전력으로 달렸다. 무모했던 마지막 질주는 결국 내 무릎에 치명타가 되었고, 결승점을 통과한 난 걸을 때마다 왼쪽 무릎에 극심한 통증을 느끼며 절룩이는 걸음으로 집에 와야만 했다.

다행히 통증은 별다른 치료 없이도 며칠 지나 괜찮

아졌다. 하지만 완전히 사라진 건 아니었다. 그때 내게 찾아왔던 통증이란 녀석은 평소엔 조용히 숨죽이고 있다가 내가 조금이라도 무리를 한다 싶으면 고슴도치처럼 바늘을 세워 무릎을 찌른다. 못 참을 정도로 심한 건 아니지만 분명 불편하다. 녀석 때문에 지금도 운동을 시작할 때면 괜히 조심스럽고 주저하게 되는 경우가 종종 있다. 그렇다고 녀석을 원망할 수는 없다. 녀석을 오게 만든 원인은 바로 나, 나의 무지와 오만이었으니까.

~

무언가를 이루기 위해선 그에 맞는 준비가 필요하다. 적절한 기술을 습득해야 하거나, 충분한 시간과 비용이 투입돼야 할 수도 있고, 단호한 결심이 필요할지도 모른다. 아니다. 이 모든 게 다 필요하다. 이러한 준비 없이 무작정 부딪힌다면 분명 크고 작은 상처를 입게 되고, 그 상처는 어쩌면 더 나아가는 걸 망설이게 하거나 심지어 큰 용기를 낸 결정을 포기하게 만들 수도 있다.

속도보다는 방향이라는 말이 있다. 제대로 된 방향을 잡기 위해선 치열한 고민과 준비의 과정이 있어야만 한다. 지금 나에게 주어진 시기는 무작정 달려 나가기보다는 방향을 잡아야 하는 시기다. 그러니 남들보다 뒤처지는 것에 불안해하거나 조바심 내지 말고, 자신을 더 깊이 바라보아야 한다. 부족한 부분이 무엇인지, 약한 부분이 무엇인지 확인해 빈틈없이 채우고 단단하게 만들어 가야 한다. 언제가 될지 모르지만, 그러한 준비의 시간이 끝났을 때 난 나에게 맞는 속도와 호흡으로 내가 정한 방향을 향해 나아갈 수 있을 것이다.

최근엔 조금 오래 앉아있어도 왼쪽 무릎이 시큰거립니다. 가만히 앉아있기만 했는데, 왜 그런 걸까요.

지금 나에게 주어진 시기는 무작정 달려나가기보다는
방향을 잡아야 하는 시기이다.
그러니 남들보다 뒤처지는 것에 불안해하거나 조바심 내지말고,
자신을 더 깊이 바라보아야 한다.
부족한 부분이 무엇인지, 약한 부분이 무엇인지 확인해
빈틈없이 채우고 단단하게 만들어 가야 한다.

05

아무것도 하지 않으면
아무 일도 일어나지 않는다

———————

2024.02.29.

책을 낼 때마다 느끼지만, 책은 열심히 쓰고 만들어 발표만 한다고 알아서 팔리지 않는다. 기본적으로 적극적인 홍보가 따라야 한다. 나는 작가로 활동하는 동시에 혼자 출판사 운영도 하므로 직접 홍보에 전력을 기울여 내 책이 최대한 많은 독자와 만날 수 있도록 해야 한다. 책을 만들고 파는 일을 직업으로 선택한 이상 더더욱 신경 써야 하는 부분이다. 하지만 생각보다 쉽지 않다. 아니, 쉽지 않다는 표현보다는 내가 너무 무지하다는 게 맞을 것 같다. 홍보를 위해 무엇을 해야 하는지, 어떻게 해야 하는지 도저히 감을 못 잡고 있다.

그동안 서점에 부지런히 입고 요청 메일을 보내고, 이런저런 독립출판 북페어에도 참여해 보고, 작년부터는 대형 온라인 서점에도 적극적으로 유통을 시작하면서 판로를 확대하고 있다. 하지만 책의 홍보도, 판매도 여전히 시원찮다. 처음보다는 분명 나아진 듯하지만 미미한 수준이다. 이러한 상황에서 지난 2월 1일 새로운 책을 출간했다. 신작은 아니고 2022년 발표했던 두 번째 작품집 『여름의 한가운데』의 개정판으로, 판형과 표지 디자인을 바꾸고 문장을 다듬었다. 전체적인 만듦새가 기존보다 만족스러웠고, 원래부터도 애정이 많았던 책이라 이번만큼은 정말 많은 사람에게 닿을 수 있기를 바라고 있다. 하지만 역시 문제는 그렇게 되기 위해 무엇을, 어떻게 해야 하는가이다.

이제는 소극적인 자세로만 있으면 안 될 것 같아 새로운 시도를 해보기로 했다. 선정된 사람들에게 무료로 책을 제공하는 대신 온라인에 서평을 쓰도록 하는 서평단 이벤트였다. 서평단 활동을 통해 책이 조금이라도 더 홍보되길 기대하는 마음이었다. 서평단 모집 공고 후 인지도가 거의 없다시피 한 출판사의 서평단에 누가 지원할까 싶어 걱정도 됐는데, SNS 유료 광고의 효과인지 예상보다 훨씬 많은 90명이 지원했다. 한껏 고무된 난 지원자 모두 서평단으로 선정했다. 그리고 서평단에 보낼 책을 혼자서 일일이 포장해 우편으로 발송했다. 생각보다 번거로운 작업이었고, 비용과 시간도 적잖게 소요되었다. 하지만 내 소설을 읽을 사람들과 그들이 남길 서평을 기대하며 설레는 마음으로 감내했다.

모든 준비를 마쳤으니 이제 하나둘 올라오는 서평을 기분 좋게 기다리기만 하면 될 텐데, 사람의 마음이란 게 참 이상해 별별 걱정과 의구심이 하나둘 들기 시작했다. 책을 발송한 뒤 비와 눈이 내리자 배달 중에 책이 젖으면 어쩌나부터 시작해, 사람들이 책만 받고 서평을 안 올리면 어떡하지? 올라온 서평이 누가 봐도 무성의하면? 서평이 있다고 과연 뭐가 달라지긴 할까? 내가 돈과 시간만 버린 건 아닐까? 까지. 이러한 생각들이 꼬리에 꼬리를 물고 이어지자 난 끝내 해서는 안 될 걱정까지 하고야 말았다. 내가 괜한 짓을 한 건 아닐까?

이러한 걱정에 매몰되어 있다 보니 심리적으로 매우 불안한 상황이었는데, 다행스럽게도 우연히 보게 된 토크쇼 영상이 불안을 극복할 수 있게끔 도와주었다. 초대 손님으로 나온 아나운서는 자신은 과거에 한 방송사의 아나운서를 준비했다가 최종 합격에 실패한 후 꿈을 포기하고 다른 길을 찾으려 했다고 말했다. 하지만 면접 과정을 지켜본 다른 방송사가 손을 내밀어 결국 꿈을 이루게 되었다고 하면서 이 모든 과정을 인생사 새옹지마라는 말에 비유했다. 진행자는 그 말에 동의하며 만약 아무것도 하지 않았다면 아무 일도 일어나지 않았을 거라고 말했다. 무언가 시도를 한다는 것만으로 가능성이 생긴다는 말과 함께.

영상을 본 후 크게 한 방 맞은 느낌이었다. 내 걱정이 정말 아무짝에도 쓸모없다는 걸 깨닫게 되었다. 만약 내가 어떻게 홍보해야 하나 걱정만 하며 방구석에 처박혀 아무것도 안 했다면 90명의 독자가 내 책을 읽는 일은 일어나지 않았을 것이다. SNS에 관련 게시글은 없었을 것이고, 온라인 서점의 독자 서평 개수는 여전히 0이었을 것이다. 어쩌면 서평단 이벤트 때문에 앞으로 내가 예상 못 했던 일들이 일어날지도 모른다. 누가 알겠는가. 갑자기 내 소설이 입소문을 타게 될지!

난 스포츠 중에서 야구를 좋아한다. 야구는 기본적으로 투수가 던진 공을 타자가 방망이로 맞혀야 상황이 발생하는 스포츠인데, 타자가 방망이를 휘두르기 전에는 경기가 어떻게 진행될지 예측할 수 없다. 방망이에 맞은 공은 아웃이 되기도 하지만 안타가 되기도 하고, 홈런이 될 수도 있다. 때론 상대방에게 예상치 못한 실책을 유발하기도 한다. 이 모든 상황이 방망이를 휘둘러야 일어나는 결과들이다.

응답 없는 입고 요청 메일을 계속 보내는 것이, 판매가 저조한 북페어에 꾸준히 참가하는 것이, 그리고 내 돈과 시간을 투자해 독자들의 서평을 받는 것이 지금 당장은 무의미해 보일 수도 있지만 단지 그걸로 끝은 아닐 것이다. 부지런히 휘두른 방망이는 분명 어떠한 결과를 낸다. 아마도 대부분 아웃이겠지만 가끔 안

타가 될 수도 있다. 그리고 언젠가는 내가 때린 공이 담
장을 넘어 홈런이 될지도 모를 일이다.

그러니 가만히 있어서는 안 된다. 무엇이라도 해야
한다. 아무것도 하지 않으면, 아무 일도 일어나지 않으
니까.

야구 경기에서 타자가 스윙도 못 하고 루킹 스트라이크 아웃을 당하면 그
렇게 화가 나더라고요.

부지런히 휘두른 방망이는 분명 어떠한 결과를 낸다.
아마도 대부분 아웃이겠지만 가끔 안타가 될 수도 있다.
그리고 언젠가는 내가 때린 공이 담장을 넘어
홈런이 될지도 모를 일이다.

06

마감 인생

———————

2024.03.07.

어렸을 적부터 그랬다. 미리미리 하는 걸 도통 못 했다. 어떻게든 해야 할 일을 미뤘다. 숙제든 약속이든 그 무엇이든 꼭 코앞에 닥쳐야지만 부랴부랴 시작했다. 심지어 씻는 것도 자기 직전에 겨우 씻었다. 여담이지만, 나의 아버지는 밖에 나갔다 들어오면 꼭 바로바로 씻으라고 하는 분이셨다. 그래서 난 어릴 때 아버지에게 많이도 혼났다.

일을 미루는 성격이 나이가 들고 사회생활을 하면 조금 나아질까 싶었는데, 타고난 성격이 쉽게 바뀔 리 없었다. 회사에서 예정된 날짜까지 마쳐야 할 작업이 있으면 난 미룰 수 있는 만큼 미루다가 더 미루면 큰일 나겠다 싶을 때가 되어서야 작업을 시작했다. 그러니 항상 시간이 부족했고, 자연스레 야근도 많이 했다. 이런 사정을 모르는 사람들은 야근이 잦은 나를 안타까운 시선으로 바라보며 너무 일이 많은 거 아니냐고 걱정스러워했다. 그런 그들에게 사실 내가 자초한 야근이라고 끝내 말하지 못했다(속인 것 같아 괜히 죄송스럽다).

물론 해야 할 일을 미리미리 하든 미루고 미루다 닥쳐서 몰아 하든 결과만 좋다면야 아무래도 상관없다. 하지만 적어도 내 경우엔 기한이 임박해서 처리한 일의 결과가 그다지 좋지 않았다. 어쩌면 당연하다. 충분한 시간 동안 수정과 보완을 반복해 계속 발전시킨 결과물과 부족한 시간 때문에 급하게 만들어낸 결과물의 품질이 같을 수는 없다. 천재적인 재능을 가진 사람들은 그렇지 않을 수도 있겠지만, 나를 포함한 대부분의 평범한 사람들에겐 투자한 시간과 결과의 질은 비례하기 마련이다.

이러한 사실을 나도 너무 잘 알기 때문에 앞으로는 그러지 말자고, 성격을 고치자고 매번 다짐한다. 하지만 사람은 고쳐 쓰는 게 아니라고 했던가. 난 여전히 충분한 시간을 제대로 활용하지 못하고 시간에 쫓기는 삶을 보내고 있다. 일을 그만두었기에 글을 쓸 수 있는 시간이 전보다 훨씬 늘었지만 부끄럽게도 마감이 닥쳐서야 글을 쓰는 건 변함이 없다. 이번 주에는 합평 모임에 제출해야 하는 소설의 마감이 있었다. 한 달 간격으로 모이는 모임이니 단편소설 한 편을 쓰는데 한 달의 시간이 주어지는 것이다. 사람마다 차이는 있겠지만 절대 부족하다고 할 수 없는 시간이다. 하지만 난 한 달 중 대부분을 깨지락거리기만 하다 결국 마감 전날이 되어서야 급하게 쓰기 시작해 밤을 새운 끝에야 겨우 완성했다. 그렇게 쓴 소설이 엉망인 건 말할 필요도 없다.

왜 자꾸 이런 걸까 곰곰이 생각해 보니 이유는 크게 두 가지인 것 같다. 하나는 태생적 게으름이고, 다른 하나는 집중력의 문제다. 특히 집중력의 문제가 심각하다. 핑계일 수도 있지만 난 마감이 닥치지 않으면 도저히 집중력이 생기지 않는다. 평소 여유로울 때 쓴 글의 분량과 마감의 긴장이 최고조에 이르렀을 때 쓴 글의 분량은 엄청난 차이가 난다(때론 글의 수준도 차이를 보인다). 쉽게 말해 난 외부에서 압박이 가해지고 그래서 마음이 조급해져야만 능력이 발휘되는 스타일이다. 슬프지만 인정할 수밖에 없다.

앞서 말한 것처럼 사람의 타고난 성격을 고치긴 힘들다. 그러니 부지런하고 꾸준하게 글을 쓰기 위해선 뭔가 나에게 맞는 해결책이 필요하다. 생각해 보면 해결책은 그리 어렵지 않다. 마감이 닥쳐야 글을 쓰니 마감을 촘촘하게 많이 만들면 된다. 일주일마다 한 번, 한 달마다 한 번, 삼 개월마다 한 번, 육 개월마다 한 번, 그리고 일 년마다 한 번. 이렇게 설정하면 대략 연간 71회, 얼추 5일마다 마감이 돌아온다. 빡빡하다. 정말 말 그대로 마감에 치이는 삶이다. 그래도 다행스러운 건 마감에 맞춰 글을 쓰는 순간이 온몸을 배배 꼬고 머리털을 사정없이 쥐어짜야 하는 괴로운 순간이기도 하지만, 역설적으로 그렇게 글을 쓰는 순간을 내가 좋아

그래도 다행스러운 건 마감에 맞춰 글을 쓰는 순간이 온몸을 배배 꼬고
머리털을 사정없이 쥐어짜야 하는 괴로운 순간이기도 하지만, 역설적
으로 그렇게 글을 쓰는 순간을 내가 좋아한다는 사실이다.

한다는 사실이다. 하얀 여백이 한 줄 한 줄 나의 문장으로 채워질 때 느끼게 되는 복잡미묘한 감정(주로 안도감과 만족감)을 좋아한다.

그러니 이러쿵저러쿵 투덜투덜대는 것 같아도, 마감과 함께 사는 삶은 결국 내가 좋아하는 것으로 가득한 삶이다. 그래서 오늘도 이렇게 마감에 맞춰 글을 써낸다.

야호! 즐거운 나의 마감 인생.

그러고 보니 글쓰기를 시작한 이후부터 머리숱이 많이 준 것 같……

07

20세기 소년

2024.03.14.

종로구 명륜동의 좁은 골목길 안에 있는 낡은 건물 2층에 〈도어스2〉라는 이름의 오래된 LP바가 있다(지금은 대로변으로 이사했다). 테이블, 의자, 선반, 장식장 등 모든 물건이 오래된 공간에서 LP로 옛 노래를 틀어주는 곳인데, 조도가 낮은 노란 전구 아래에서 적어도 3, 40년 전 노래를 들으며 맥주를 홀짝이고 있으면 지금이 과연 2000년대인가 의심이 들게 되는 곳이다. 가게 문을 열고 들어가는 순간 마치 타임슬립을 하듯 과거로 이동한 건 아닐까 착각이 들 정도다. 서른 초반에 알게 되자마자 푹 빠져 단골손님이 된 지 이제 10년이 되어 가는데, 혼자도 자주 갔지만 가까운 사람들을 데리고 가 소개해 주기도 했다. 내가 사랑하는 공간의 매력을 그들도 느꼈으면 하는 마음이었다. 함께 좋아해 준 사람도 있었고, 시큰둥한 사람도 있었다. 반응이 별로였던 사람들은 특유의 너무 올드한 분위기에 딱히 흥미를 갖지 못했다. 오래된 노래가 취향이 아니었던 사람도 있었다. 아쉽지만 그렇다고 강요할 순 없다. 사람마다 선호와 취향은 제각각이니까.

난 오래된 노래들을 좋아한다. 90년대에 십 대 시절을 보냈으니 그때 노래를 좋아하는 건 말할 것도 없고, 즐겨 듣는 가요와 록, 팝송은 시대가 60년대부터 시작된다. 장르를 클래식까지 확장하면 좋아하는 음악의 시대는 18세기까지 거슬러 올라가기도 한다. 일이십 대들은 대부분 들어본 적조차 없는 가수나 노래들일 것이고, 내 또래에 비해서도 취향이 다분히 올드한 게 사실이다. 왜 그럴까 생각해 보니 우선 어린 시절부터 라디오를 즐겨 들었는데, 그러면서 오래된 노래들을 자주 접하고 친숙해질 수 있었다. 그리고 무엇보다 하루키 소설의 영향도 빼놓을 수 없다. 그의 소설에선 수많은 음악이 등장하는데 대부분 오래된 록이나 팝송, 재즈 음악이고, 클래식 음악도 심심찮게 나온다. 십 대 시절부터 하루키 소설의 열렬한 팬이 되어 부지런히 챙겨 읽었고, 그러면서 자연스럽게 소설에서 언급된 음악들을 좋아하게 되었다.

그러고 보면 어릴 적엔 소설도 하루키를 제외하면 동시대 소설은 거의 읽지 않고 발표된 지 적어도 반세기는 지난 소설만 읽었다. 그것도 셰익스피어, 카프카, 도스토옙스키, 토마스만, 콘래드, 조지오웰, 샐린저, 체호프 등 해외 작가의 작품만으로 편식했다. 지금이야 한국 작가의 소설을 비롯해 다양하게 읽으려 하지만, 그때는 왜 그랬는지 누구나 인정하는 세계 고전 소설만 읽어야 한다고, 그런 소설만이 가치 있고 읽고 나면 남는 게 있다고 생각했다. 물론 다들 훌륭한 소설이고 많은 도움이 된 건 사실이지만, 동시대 소설이 현대적인 문체로 그려내는 시대정신이나 인간상, 사회적 이슈 등을 제대로 접하지 못한 것도 사실이다.

이러한 나의 다소 편향된 취향은 자의 반 타의 반

내 소설에 그대로 반영되었다. 특히 초창기 소설들이 더욱 그러한데, 소설 속 인물은 그다지 진취적이라고 할 수 없다. 부딪히고 극복하며 치열하게 시대를 통과해 나가기보단, 체념하고 과거를 그리워하며 내면의 문제에 침잠한다. 그들이 듣는 노래는 대부분 올드팝과 클래식이며, 그들이 활동하는 장소 역시 종로나 을지로 같은 서울의 구시가지들이다. 심지어 앞서 말했던 명륜동의 LP바는 한 소설에서 주요 배경으로 사용되기도 했다. 내 소설의 시대적 배경은 21세기이지만 공간적 배경이나 인물의 생각 또는 행동은 20세기에 머물러 있다. 한 마디로 옛날 감성의 소설들이다.

실제로 독자평이나 합평 모임에서 내 소설이 조금 예스럽다는 의견을 종종 접하곤 한다. 좋게 해석하면 레트로 감성이라는 말이지만, 사실 현대성의 부족, 쉽게 말하면 구식이라는 말이다. 나도 충분히 인지하고 공감하는 부분이며, 개신이 필요한 부분이라고 생각한다. 물론 좋은 쪽으로만 받아들여서 지금까지 해온 것처럼 내 스타일대로, 내 취향대로 소설을 쓸 수도 있다. 하지만 그렇게 쓴 소설은 나를 위한 소설, 일부 독자만을 위한 소설이 될 수밖에 없다. 난 내 소설이 보편성을 획득하고 많은 사람에게 문학적으로 큰 울림을 줄 수 있기를 원한다. 그러기 위해서는 분명 바뀌어야 한다.

~

소설에는 많은 유형이 있다. 요즘은 웹 소설의 인기로 판타지나 SF 등 장르 문학이 주목을 받고 있다. 하지만 난 그러한 소설에는 아직 관심이 없을뿐더러 쓸 능력도 없다는 걸 잘 알고 있다. 그럼 넌 어떤 소설을 쓸 건데, 라고 내게 물으면 어떠한 소설을 쓰겠다고 명확하게 말하기도 어렵다. 그저 막연하게 생각할 뿐이다. 어떤 형식, 어떤 장르가 될지 모르겠지만 우리가 사는 지금의 시대를 냉철하게 바라보고 문제를 드러내어 독자들과 함께 고민할 수 있는 소설을 쓰고 싶다고. 써 놓고 보니 너무 거창한 것 같아 민망하기도 하지만 도전 의식도 생긴다. 지금 당장은 힘들겠지만, 계속 쓰다 보면 언젠가 쓸 수 있지 않을까?

영국의 록밴드 T-Rex는 〈20th century boy〉라

그저 막연하게 생각할 뿐이다.
어떤 형식, 어떤 장르가 될지 모르겠지만
우리가 사는 지금의 시대를 냉철하게 바라보고 문제를 드러내어
독자들과 함께 고민할 수 있는 소설을 쓰고 싶다고.

는 노래를 불렀다. 일본 만화가 우라사와 나오키는 〈20세기 소년〉이라는 작품을 발표했으며, 내가 좋아하는 가수 윤종신의 〈1월부터 6월까지〉라는 노래가 수록된 015B의 앨범명도 《20세기 소년》이다. 나도 좋아하는 것, 즐기는 것이 아직 20세기에 머물러 있는 20세기 소년이다. 그것대로 매력적인 취향이고 그러한 취향을 가진 것에 나름 자부심도 느낀다. 하지만 그 소년이 쓰는 소설만큼은 20세기에 머물러 있어서는 안 된다. 21세기를 누구보다 치열하게 살아야 하고, 어쩌면 22세기를 누구보다 먼저 바라봐야 할지도 모른다. 그 길이 쉽지 않고 오랜 시간이 걸린다고 해도 20세기 소년은 천천히 한 걸음씩 21세기를 걸어가야 한다.

〈20th century boy〉에는 이러한 가사가 나옵니다. It's plain to see you were meant for me.(당신이 나에게 운명이 된 것은 분명합니다.) 여러분들에게도 운명적으로 다가온 게 있나요?

하코네에서 떠오른 이야기

2024.03.21.

지난 18일부터 23일까지 5박 6일 일정으로 일본 여행을 다녀왔다. 길다면 길 수도 있는 일정이었는데 하코네(도쿄 서측에 있는 온천 휴양지)에서 2박, 그리고 도쿄로 이동해 3박을 했다. 대학교를 졸업하고 이십대 후반이 되어서야 해외여행을 다니기 시작한 나에게 3월의 해외여행은 이번이 처음이었다. 보통 해외여행은 여름휴가 기간에나 가능했고, 평소에는 길어야 주말 포함 3, 4일 정도가 고작이었다. 그런데 이번에는 특별한 휴일도 없는 3월 셋째 주에 월요일부터 토요일까지 해외여행을 다녀왔으니, 이것도 분명 퇴사한 프리랜서

(라고 쓰지만 실상은 백수인) 작가가 누릴 수 있는 크나큰 혜택이라고 할 수 있겠다.

　이번 여행은 퇴사 후 새로운 삶에 도전한 나를 응원하고자 하는 의미의 여행이기도 하면서, 한편으로는 반복되는 일상에서 잠시 벗어나 낯선 환경과 사람들 사이에 머물며 무언가 새롭고 번뜩이는 영감을 얻고자 했던 목적도 있었다. 소기의 목적을 달성했다면 달성했다고도 할 수 있는데, 하코네에 머물면서 다행히 소소한 이야기를 구상했기 때문이다. 머무른 시간은 도쿄가 더 길었지만, 도쿄는 너무나 화려하고 볼거리가 많아 안타깝게도 이야기를 생각할 겨를이 없었다(결국 노느라 정신없었다는 말이다).

　하코네에서 떠오른 아래 이야기는 아무도 없는 노천탕에 혼자 몸을 담그고 시간을 보내던 중 떠올랐다.

　소설가인 그는 일이 있어 일본에 왔다가 어쩌다 보

니 하코네에 머물게 되었다. 그는 최근 단편 소설 몇 편을 발표했지만 평가가 그리 좋지 않았다. 기존 스타일과 너무 달라진 그의 소설에 팬들은 불만을 드러냈다. 그러자 그는 자신에게 의심이 들었다. 내가 쓰는 소설이 과연 의미가 있을까? 하코네에서의 마지막 날, 그는 숙소 온천의 아무도 없는 노천탕에 몸을 담그고 한숨을 쉬며 앞으로 어떠한 소설을 써야 할지 고민했다.

그렇게 시간이 한참 지나 머리가 멍해지려 할 때쯤, 목욕탕 문이 조용히 열리며 누군가 들어왔다. 그리고 잠시 뒤 노천탕 안으로 들어오더니 그의 옆에 나란히 앉았다. 단둘만 있는 살짝 어색한 분위기에서 옆 사람을 힐끔거리던 그는 옆에 앉아 있는 사람이 소설가 무라카미 하루키와 굉장히 많이 닮았다는 것을 알게 되었다. 하루키의 열성팬인 그는 옆 사람이 사진 속 하루키의 외모와 너무나 흡사해 하루키일 수밖에 없다는 생각을 떨칠 수 없었고, 결국 실례를 무릅쓰고 긴장된 목소리로 물어보았다. 일본어는 할 줄 모르니 영어로.

"Ex……, excuse me. Are you Murakami Haruki?"

단정하게 접은 흰 수건을 머리에 얹은 채 눈을 감고 있던 그 사람이 살며시 눈을 뜨고 고개를 천천히 돌려 그를 바라보았다. 그리고 고개를 작게 끄덕였다.

"Yes."

그는 놀라움과 기쁨에 숨이 멎을 것 같았다. 그토록 좋아하는 작가를 실제로, 그것도 어쩌다 오게 된 하코네의 노천탕에서 이렇게 단둘이 만나게 되다니!

"Oh my god! I'm, I'm your big fan. I love all your novel. Ah, no, no. I love, I love all your writing."

그는 버벅거리는 서툰 영어로 하루키를 향해 자신의 애정을 어떻게든 전달하기 위해 노력했다. 하지만 하루키는 특유의 무표정한 얼굴로 그를 지그시 바라보다 짧게 한마디만 던졌다.

"Thank you."

그리고 다시 고개를 돌려 눈을 감고 조용히 사색에 잠겼다. 노천탕에는 물방울 떨어지는 소리만이 흐르고, 그는 그제야 자신이 하루키에게 무례를 범한 건지도 모른다는 생각이 들었다. 아무리 팬이라지만 목욕탕에서, 그것도 발가벗은 상태에서 인사를 받는다면 그다지 유쾌하지는 않을 것 같았다. 무안해진 그는 조심스럽게 일어나 노천탕을 빠져나가려 했다. 그때 그의 등 뒤에서 하루키의 목소리가 들렸다.

"I know you are a writer."

그는 깜짝 놀라 어리둥절한 표정으로 하루키를 돌아보았다.

"Don't doubt what novel you are writing. Don't worry about what people say. Just keep writing what you want to write."

의심하지 말라고, 사람들의 말 신경 쓰지 말고 쓰고 싶은 걸 쓰라고 하루키가 말했다. 아니다. 하루키는 여전히 머리에 흰 수건을 얹은 채 눈을 감고 그저 물속에 가만히 앉아 있을 뿐이었다. 그는 하루키가 말했다고 확신하지 못했다. 그저 착각 속에서 들은 환청일지도 몰랐다. 하지만 설사 환청일지라도 그는 기분이 매우 좋았다. 하루키와 함께한 순간에 들은 환청이라면 그건 나름대로 의미가 있었다. 그는 하루키를 향해 허리를 숙여 공손히 절을 했다. 하루키가 그 모습을 보았는지는 알 수 없었다.

Just keep writing what you want to write.

다음 날 아침, 그는 체크아웃을 하던 중 프런트의 직원에게 이 호텔에 하루키가 묵고 있냐고 물었다. 의아한 표정을 짓는 직원이 규정상 투숙객 정보는 알려줄 수 없다고 답했다. 단, 자신도 하루키의 팬인데 자신이 알기로 하루키는 지금 미국에 있다고 말했다. 직원의 말에 그는 미간을 찡그렸다. 어젯밤 분명 노천탕에서 하루키를 만나 대화도 나누었다고 말했다. 직원은 잠시 난처한 표정을 짓더니 스마트폰으로 무언가를 검색하여 그에게 보여주었다. 지금 미국에 머무르고 있는 하루키가 한 대학에서 진행한 강연에 관한 어제 날짜 기사였다. 그는 기사를 읽고 또 읽으면서도 이 상황을 받아들이지 못했다. 분명 하루키는 어젯밤 자신과 나란히 노천탕에 앉아 있었다. 자신이 꿈꾼 게 아니라면, 귀신이라도 봤다는 말인가? 아무 말도 못 하고 멍하니 서 있는 그에게 직원이 살짝 미소 지으며 말했다.

"This situation really sounds like a Haruki novel."

～

왜 이런 이야기가 떠올랐는지는 알 수 없다. 아마도 장소가 일본이었고, 하루키 소설에 살짝 비슷한 이야기가 있으며(「시나가와 원숭이의 고백」), 어쩌면 내가 이야기 속 그와 비슷한 고민을 하고 있기 때문일 수도 있다. 이유야 어쨌든 따끈따끈한 노천탕 속에서 가만히 앉아 이러한 이야기를 구상하는 경험이 그리 나쁘지 않았고 퍽 재미있기도 했다. 물론 이 이야기가 앞으로 내가 쓰는 소설에 어떻게 쓰일지는 아직 알 수 없다. 어쩌면 평생 안 쓰일지도 모를 일이다. 그래도 분명 하코네 여행의 추억으로 이 이야기는 남을 것이다. 그것만으로도 충분하다.

다행히도 이 이야기는 2024년 발표한 「순간을 믿어요」라는 소설에 삽입되었습니다. 하코네에 가길 정말 잘했다는 생각이 듭니다.

09

소설을 쓰는 시간

2024.03.28.

매주 일요일 아침마다 교회에 간다. 기독교를 믿는 건 아니고, 결혼할 때 아내와 한 약속 중 하나가 바로 매주 함께 교회에 다니는 것이었다. 어렸을 적부터 독실한 기독교 신자였던 아내에게 배우자와 함께하는 종교 생활은 선택이 아닌 필수 사항이자 결혼의 중요한 조건이었다. 처음엔 믿음도 없이 교회에 다녀야 한다는 게 그리 내키지 않았고, 어색한 느낌도 분명 있었다. 하지만 시간이 지나 거의 7년째 다니다 보니 이제는 교회라는 장소도, 그 속에서 만나는 사람들도 그럭저럭 익숙해졌다.

예배 순서 중에는 성가대의 찬송이 있다. 대부분 딴생각에 빠져있곤 하는 예배 시간 중에서 내가 유일하게 집중하는 시간인데, 그건 바로 지휘자의 지휘를 보기 위해서다. 음악의 템포와 셈여림 등을 과하지 않으면서도 시원시원하고 직관적으로 보여주는 팔의 스윙, 성가대원들을 향한 무한한 신뢰와 응원이 느껴지는 밝은 표정, 그리고 오롯이 집중하고 있음을 알 수 있는 순수하고도 폭발적인 에너지. 그에 맞춰 성가대원들도 자연스럽게 각자가 가진 실력의 최대치를 끌어내고 펼쳐낸다. 그렇게 2, 3분 내외의 짧은 시간 동안 이어지는 지휘자의 지휘를 보고 있다 보면 그런 생각이 들곤 한다. 나를 저렇게 이끌어주는 사람이 있었으면. 때론 이런 생각도 든다. 나도 누군가에게 저러한 사람일 수 있었으면.

규모가 작은 성가대에서도 지휘자의 역할은 중요하다. 더군다나 대규모 오케스트라에서 그 중요성은 말할 것도 없다. 지휘자는 작곡가의 의도와 악보를 해석하여 어떻게 표현해야 할지 결정해야 하며, 이를 바탕으로 수십 개의 악기가 내는 소리를 조율하고 이끌어

나가야 한다. 간혹 지휘자의 역할을 인간 메트로놈 정도로 격하하는 의견이 있기도 하다. 연주는 결국 연주자가 하는 것이고, 그러므로 연주의 수준은 지휘자의 실력이 아닌 연주자의 실력에 의해 결정된다는 주장이다. 영화 〈타르(TAR)〉토드 필드 감독, 2023에서 유명 지휘자인 리디아 타르는 이러한 의견이 틀린 소리는 아니라고 한다. 하지만 바로 그 메트로놈의 역할이 무엇보다 중요하다고 말한다. 자신의 지휘가 시작되어야지만 비로소 무대 위의 시간이 흐르기 시작하고, 자신의 지휘로 인해 그 시간이 정확히 통제되기 때문이라고 하면서.

리디아 타르의 대사는 공연의 시작과 끝을 결정하고, 그 사이의 시간을 주도해서 이끌어 가는 존재가 바로 지휘자라는 사실을 알려준다. 곰곰이 생각해 보니 소설가도 지휘자와 비슷하지 않나 생각이 든다. 소설가가 첫 문장을 적으면서 이야기는 시작되고, 소설가의 의도에 의해 창조된 배경과 인물과 사건이 이야기를 이끌어 가며, 소설가가 마지막 마침표를 찍으면서 마침내 이야기는 끝이 난다. 다른 누구의 개입이나 도움 없이 오롯이 소설가 혼자서 이야기를 시작하고 이끌어 간다.

앞서 내가 누군가에게 지휘자와 같은 사람이었으면 좋겠다고 했는데, 적어도 소설을 쓸 때만큼은 나도 내 소설에 그런 사람이라 해도 무방할 것 같다.

물론 그렇다고 내가 소설을 쓸 때 확신을 품고 막힘없이 열정적으로 마지막까지 이끌어 간다는 건 절대 아니다. 오히려 정반대에 가깝다. 난 소설을 쓰는 동안 계속 의심하고, 망설이며, 어떤 때는 스스로 비하하며 좌절하고 만다. 그리고 이러한 과정을 무한 반복한다. 그러다 다행히 마침표를 찍게 되는 이야기가 소설로서 생명력을 얻게 되고, 그렇지 못한 이야기는 윈도우 폴더 안에서 언제 깰지 알 수 없는 깊은 잠에 빠지게 된다 (종종 휴지통으로 사라지기도 한다).

소설을 쓴다는 건 외롭고, 고독하며, 어쩌면 고통스러운 시간을 통과해야만 하는 작업이다. 훌륭한 지휘자처럼 그 시간을 정확하게 주도하고 통제할 수 있으면 바랄 게 없겠지만, 아마도 난 지금보다 경험이 쌓이고 필력이 향상된다 해도 그렇게 되기는 어려울 것 같다.
분명 지금처럼 계속해서 그 시간의 속도와 부담감에 휘
둘리거나 짓눌려 괴로워할 것이다. 그래도 그러한 시간
을 거쳐 이야기의 마지막 마침표를 찍을 수만 있다면
난 더 바랄 게 없다. 내가 시작한 이야기를 어떻게든 내
손으로 끝냈다는 희열과 성취감은 그 어떤 것보다 크고
찬란하다는 걸 알아버렸기 때문이다. 그래서 난 여전히
소설을 쓰는 시간과 고군분투하고 있다.

　아니, 사랑하고 있다.

소설 쓰기의 희열과 성취감을 알아버렸다는 건, 분명 기쁜 일입니다. 정말
이요.

내가 시작한 이야기를 어떻게든 내 손으로 끝냈다는 희열과 성취감은
그 어떤 것보다 크고 찬란하다는 걸 알아버렸기 때문이다.
그래서 난 여전히 소설을 쓰는 시간과 고군분투하고 있다.

아니, 사랑하고 있다.

10

글쓰기의 공간

2024.04.04.

작년까지 글을 가장 자주 썼던 공간은 카페였다. 출근 전에는 회사 근처의 카페에서, 퇴근 후에는 발길 닿는 대로 걷다 발견한 카페 또는 동네의 단골 카페에서. 요새 어디를 가든 카페가 정말 많은데, 개인적으로 글쓰기 좋은 카페는 몇 가지 조건이 있다. 사람이 너무 많아 소란스러우면 곤란하고, 어느 정도 규모가 있어야 하며, 테이블과 의자의 형태 및 높이가 내 몸에 편안해야 한다. 조명이 너무 밝거나 흘러나오는 음악이 귀에 거슬려도 안 된다. 그리고 다 그런 건 아니지만 소위 '인더스트리얼'이나 '미니멀' 스타일의 인테리어를 한 카페도 글쓰기에 썩 좋지 않다. 보통 이런 인테리어는 내장재나 가구를 최소화하기 때문에 소리가 흡수되지 못하고 그대로 반사되어 울리기 때문이다.

언뜻 보면 유난스러울 수도 있는 조건이라 이 모든 걸 충족하는 카페를 찾기 어려울 것 같지만, 예상외로 주변에서 쉽게 찾을 수 있다. 그건 바로 내가 원하는 조건에 가장 부합하는 카페가 스타벅스이기 때문이다. 물론 스타벅스는 이용하는 손님이 적지 않지만, 지점의 위치나 시간대에 따라 생각보다 조용하고 한적하기도 하다. 내가 가장 애용한 스타벅스 매장은 회사에서 1분 정도 거리였는데, 출근 전 오전 8시쯤 가면 2층에는 손님이 거의 없었다. 몇 명 있는 손님도 대부분 출근 전 혼자만의 시간을 조용히 보내려는 사람들이어서 큰 소리로 떠드는 경우가 드물었다. 차분하고 평화로웠다. 그래서 글쓰기에 아주 좋았다. 그 공간, 그 분위기 그대로 개인 작업실로 하면 완벽하겠다고 생각할 정도였다.

퇴사 이후엔 카페도 종종 가지만 도서관을 더 애용하고 있다. 마침 집 근처에 구립 도서관이 있는데, 개

관한 지 얼마 되지 않아 시설이 아주 깔끔하고 쾌적하다. 그리고—당연하게도—매우 조용하다. 환경이 이러니 여기가 바로 집중해서 글쓰기 딱이구나! 라고 할 수도 있겠지만, 그게 또 그렇지만도 않다. 아무래도 너무 조용한 분위기에 압도되어 행동이 조심스러워지니 다소 답답하게 느껴지는 게 사실이다. 그리고 작은 소음도 선명하게 두드러져 오히려 더 신경 쓰인다. 그래도 한 번 자리를 맡으면 편안한 테이블과 의자를 종일, 그것도 무료로 사용할 수 있으니 이러쿵저러쿵 불만을 늘어놓아선 안 된다.

얼마 전에는 개인 작업실을 알아보았다. 카페나 도서관에서 글을 쓰는 게 딱히 불편하진 않았지만, 고정된 나만의 글쓰기 공간을 갖고 싶다는 희망은 퇴직하고 전업 작가를 결심했을 때부터 꿈꿔왔었다. 그리고 마침 6월 신작 출간을 앞두고 보다 집중해서 작업할 수 있는 개인 공간이 있으면 좋을 것 같다는 생각이 들기도 했다. 그래서 이런저런 사이트를 통해 적당한 공간을 물색해 보았는데 위치와 형태, 그리고 비용까지 모든 게 완벽히 마음에 드는 곳은 찾을 수가 없었다. 위치와 형태가 괜찮다 싶으면 비용이 너무 비쌌고, 비용에 맞추자니 차라리 카페나 도서관이 나아 보였다. 앞으로 계속해서 찾아보기는 하겠지만 적당한 곳을 찾을 수 있을지는……, 솔직히 잘 모르겠다.

사실, 냉정하게 따져보면 멋들어진 나만의 전용 작업 공간 없이도 지금까지 글 쓰는 데 문제가 있거나 어려움을 겪진 않았다. 카페와 집에서—그리고 때로는 사무실에서 몰래—글을 쓰면서도 세 권의 소설집을 무리 없이 작업했고, 그 시간이 참으로 행복했다. 그러고 보면 집중해서 글을 쓰게 만드는 건 환경도 어느 정도 중요하겠지만, 무엇보다도 글을 향한 애정과 의지, 그리고 절박함이 아닐까. 조금은 퍽퍽하고 무료한 일상에서 잠깐이나마 벗어날 수 있도록 해주는 게 글쓰기라면, 그래서 그 순간을 정말 절실하게 원한다면 어디에서라도 노트북을 펴고 자신만의 세계에 몰입해 문장을 적어 나갈 수 있다.

조금은 퍽퍽하고 무료한 일상에서
잠깐이나마 벗어날 수 있도록 해주는 게 글쓰기라면,
그래서 그 순간을 정말 절실하게 원한다면
어디에서라도 노트북을 펴고 자신만의 세계에 몰입해
문장을 적어나갈 수 있다.

키친테이블노블(kitchen table novel)이란 말 그대로 식탁 위에서 써 내려간 소설을 의미한다(또는 전문적인 소설가가 아닌 일반인이 쓴 소설이 인정받았을 때 이렇게 부르기도 한다). 이 세상엔 글을 향한 큰 애정과 열정을 가지고 시간을 쪼개 부엌의 작은 테이블 위에서 글을 쓰는 수많은 사람이 있다. 내가 좋아하는 작가 무라카미 하루키와 박완서도 과거에 그랬고, 나도 한때 그랬다. 아마 이 글을 읽고 있는 누군가도 지금 그렇게 작가의 꿈을 키우고 있을 것이다.

글쓰기의 공간이 어디인지는 그다지 중요하지 않을지도 모른다. 어쩌면 글은 어디서든 쓸 수 있다. 중요한 건 그 공간에서 나와 당신이 글을 쓴다는 것, 단지 그 사실뿐이다.

예전에 외근 가는 길에 지하철 좌석에 앉아 글을 쓴 적이 있었습니다. 생각보다 글이 잘 써져서 신기해했던 기억이 있지요.

11

벚나무를 보며 한 생각

2024.04.11.

지난주 금요일, 볼일이 있어 잠실을 방문했다가 시간에 여유가 있어 석촌호수에 들렀다. 벚꽃이 만개한 석촌호수엔 평일 낮이었는데도 불구하고 수많은 인파로 발 디딜 틈 없이 북적였고, 호수 주변을 도는 산책길은 인명사고를 대비해 한 방향 통행으로 관리되고 있었다. 덕분에 거대한 인파의 무리가 일제히 시계 반대 방향으로 이동하는 꽤 재미난 풍경을 목격하기도 했다(물론 나도 함께 돌았다).

벚꽃이 만발하는 시기가 되면 많은 사람이 더 화사

하고 예쁜 벚꽃 명소를 찾기 위해 온갖 수고를 아끼지 않는 것 같다. 인스타그램엔 여의도나 석촌호수, 어린이대공원, 고궁 같은 익히 알려진 곳은 말할 것도 없고, 도시 곳곳에 숨어있는 '알려지지 않은', '나만 알고 싶은' 벚꽃 명소에서 찍은 인생샷들이 끊이지 않고 올라온다. 이러한 광경을 보고 있으면 서늘하고 쓸쓸한 겨울의 풍경을 지나는 동안 사람들이 따뜻하고 다정한 봄의 풍경을 얼마나 기다려왔는지 충분히 짐작이 간다.

예전엔 잘 몰랐는데, 동네 곳곳에도 벚나무가 대단히 많다. 성북천 주변이나 성신여대 정문 인근에는 가로수로 벚나무가 식재되어 있어 그 어떤 명소에도 뒤지지 않는 아름다운 벚꽃길을 만들어낸다. 또한 벚나무는 아파트 단지에도 조경수로 많이 식재되어 있다. 개인적으로 아파트라는 주거 형태를 그다지 선호하지 않지만, 단지 내에 멋진 벚꽃 정원을 가진 아파트에 사는 건 조금 부럽기도 하다.

약 한 달 전부터 운동을 시작해 동네 체육관을 일주일에 두 번 정도 다니고 있다. 체육관에 가려면 아파트 단지 사이를 지나가야 하는데, 여기에도 길 양옆으로 벚나무가 몇 그루 있다. 4월 초에 그 길을 지나갈 때 그중 한 나무가 다른 나무들보다 유독 빨리 꽃을 피운 걸 보았다. 다른 나무들은 이제 막 꽃망울이 부풀기 시작했는데, 그 나무만 홀로 꽃망울이 터져 연분홍 꽃잎을 드러내었다. 아마 다른 나무들에 비해 햇빛을 더 잘 받았거나, 영양 공급이 좋아 생장 리듬이 빠른 나무 아니었나 싶다. 어쨌든 그 나무는 홀로 아름다운 자태를 뽐내며 사람들의 시선을 한 몸에 받았다. 그리고 시간이 지나 다른 나무들의 꽃이 만개했을 땐 이미 꽃은 대부분 지고 초록색 잎이 돋아나고 있었다.

어제 운동가는 길에 다시 본 그 나무는 연초록 잎으로 가득한 푸르른 나무였다. 주변의 나무들이 그래도 아직 얼마간 남은 꽃잎을 붙들고 있는 것과는 대조적인 모습이었다. 먼저 핀 꽃은 당연히 먼저 졌다. 나무를 보면서 남들과 다르게 앞서 나간 저 나무의 심정은 어떨지 생각해 보았다. 때를 맞추지 못하고 너무 이른 봄을 외롭게 맞이해 정작 완연한 봄이 왔을 땐 자신의 절정을 이미 지나버려 슬퍼하고 있진 않을까. 아니면 계절

의 선두에 서서 사람들의 이목을 누구보다 먼저 끈 것
에 기분 좋아하고 있을까.

그런데 곰곰이 생각해 보면, 이런 생각은 어쩌면
그저—하찮을지도 모를—인간 중심의 관점일지도 모른
다. 그 나무는 빠르다는 건 상관없이 그저 자연의 시간
을 따라 자신에게 부여된 역할을 충실히 했을 뿐이다.
때가 되있을 때 최선을 다해 꽃을 피우고, 꽃이 지면 초
록 잎을 틔우는 일. 거기엔 슬퍼하거나 기뻐할 것 없이
오로지 해야 할 일을 해내었다는 성취감과 만족만이 있
을 뿐이다.

❧

난 원래부터 선두에 서서 앞서 나갈 성격도 안되고
능력도 없기에 지금까지는 다른 사람들과 속도를 맞춰
서, 크게 뒤처지지만 말자고 생각하며 살아왔다. 그런
데 요즘은 내가 점점 뒤처지고 있는 건 아닐까 자주 의
심하게 된다. 먼저 꽃을 피우기는커녕 아예 꽃을 피우
지도 못하는 건 아닐까 걱정이 된다. 아무래도 퇴사 후

때가 되었을 때 최선을 다해 꽃을 피우고,
꽃이 지면 초록 잎을 틔우는 일.
거기엔 슬퍼하거나 기뻐할 것 없이
오로지 해야 할 일을 해내었다는
성취감과 만족만이 있을 뿐이다.

전업 작가를 시작하면서 사람들과의 교류가 줄어들고 손에 잡히는 성과 없이 대부분 혼자만의 시간을 보내다 보니 더 그런 것 같다.

그래서 요즘 마인드 컨트롤이 무엇보다 중요하다. 걱정과 우울감에 한 번 빠지면 한없이 가라앉을 수도 있으니 조심해야 한다. 그러고 보니 어쩌면 내가 그렇게 되지 않도록 길가의 벚나무가 도움을 준 건지도 모르겠다. 주변보다 빠르든 느리든 상관없이 주어진 시간의 흐름에 최선을 다하라고. 그러면 너만의 아름다운 꽃을 피우고 싱그러운 초록 잎이 울창해질 거라고.

아이고, 하찮은 나는 또 그저 가만히 있는 벚나무를 보며 멋대로 내가 듣고 싶은 말을 생각하고 말았다. 그래도 어쨌든 요즘 혼자서 마음을 다잡느라 끙끙거리고 있는 내가 이런 생각을 하게끔 해준 벚나무에게 감사의 마음을 전하고 싶다. 고마워, 벚나무야.

거리의 벚꽃은 이제 완전히 졌고, 오늘은 초여름 같은 날씨였습니다. 벌써 여름 날씨라니……, 왠지 모르게 억울하네요.

12

글쓰기와 엉덩이

2024.04.18.

회사에 다닐 때, 필요한 자료를 작성해야 하는데 마음은 멀리 딴 곳에 가 있고 집중력은 바닥일 때가 종종 있었다. 이럴 땐 작업 능률이 최악이라 책상에 앉아 있어도 작업의 진척이 매우 더디다. 그래서 이런 상태를 빨리 벗어나야 하는데, 그러기 위해 나는 다음과 같은 방법들을 사용했다. 첫째, 머리카락을 쥐어뜯으며 나 자신에게 욕하기(자학을 통한 정신 차리기). 둘째, 과하다 싶을 정도의 당류 섭취하기(혈당 급상승을 통한 정신 차리기). 셋째, 화장실이나 옥상에 가서 잠시 바람 쐬기(멍때리기를 통한 정신 차리기). 어느 하나를 가장 효과적인 방법이라고 꼽기는 어렵다. 대부분 순서에 상관없이 세 방법을 모두 사용해야, 그리고 여러 번 반복해야 겨우 정신을 차리곤 했으니 말이다.

자주는 아니지만 마음을 편하게 하고 집중력을 높이기 위해 사용한 방법이 한 가지 더 있었다. 그건 바로 피아노 연주 영상을 보는 것인데, 피아니스트 알프레드 브렌델의 〈방랑자 환상곡〉Wanderer Fantasy in C major D. 760, Schubert 연주 영상이다. 1976년도에 촬영된 이 영상은 아무래도 화질이나 음향, 카메라 워킹 등이 지금과 비교해 세련되지 못하다. 그런데도 내가 이 옛날 영상을 보며 마음을 다잡고 집중력을 높일 수 있는 이유는 이 촌스러운 영상에서 연주에 몰입한 피아니스트의 집중력이 오롯이 나에게 전달되기 때문이다. 특히 4악장을 연주하는 그의 모습은 넋을 놓고 보게 된다. 신들린 듯한 손가락의 움직임, 온 힘을 다하는 게 분명해 보이는 몸의 반동, 그리고 무아지경에 도달한 그의 표정까지. 영상을 보고 나면 마음이 경건해지기까지 하면서 자연스럽게 이러한 결심을 하게 된다. 정신 차리고 이제 나도 집중해야지.

어떤 행위에 집중하게 만드는 건 무엇일까? 집중력은 타고나는 능력일 수도 있지만, 그보다는 꾸준한 연습과 반복을 통해 얻는 게 더 크다고 생각한다. 무언가에 집중한다는 건 흐름을 깨뜨리지 않고 지속시킨다는 의미이고, 그러기 위해선 오랜 시간을 거쳐 몸과 마음이 단련되어 있어야 하기 때문이다. 피아니스트의 아름답고 뛰어난 연주는 선천적 재능도 분명 큰 역할을 하겠지만, 근본적으로는 극한의 연습을 통해 체득되는 고도의 기교와 집중력이 뒷받침되어야만 가능하다. 그러한 기교와 집중력이 서로 어우러져 예술적으로 표현될 때 우리는 감동하게 된다.

난데없이 이렇게 집중력 얘기를 하는 이유는 요즘 내가 소설을 쓰는 데 전혀 집중을 못 하고 있기 때문이다. 6월에 신작 출간을 목표로 잡았으니(이건 미룰 수도 없다!) 지금쯤은 집중력을 최대치로 끌어올려 신나게(라고 쓰고 '괴롭게'라고 읽는다) 쓰고 있어야 하는데 도통 그러질 못하고 있다. 책상 앞에 앉아 키보드 위에 손을 올리면 머릿속이 하얘지고 멍해져 진공상태가 된다. 겨우 정신을 차려 문장을 적어 보지만 다시 읽어보면 처참할 정도로 형편없어서 모조리 지우게 된다. 앞에서 언급한 집중력을 높이는 방법들을 아무리 사용해 보아도 효과는 미미하다. 정말 미쳐버릴 노릇이다.

도대체 왜 이럴까 곰곰이 생각해 보니, 여러 이유가 복합적이겠지만, 아무래도 긴 시간 집중해서 글 쓰는 것에 단련이 덜 된 게 주요한 원인이 아닐까 싶다. 회사에 다니며 짬짬이 글을 쓸 땐 시간이 워낙에 짧아 집중력이고 뭐고 생각할 필요가 없었다. 그런데 전업작가를 시작하면서 글을 쓸 수 있는 시간은 갑자기 엄청나게 늘었는데, 그렇게 오랜 시간 집중해서 글을 쓴 경험이 부족하니 자꾸만 잡생각에 빠지고 엉덩이는 들썩거린다. 그런 상태에서 쓴 글이 마음에 들 리 없는 건 자명하다.

글은 머리가 아닌 엉덩이로 쓴다.

예전에 석사 논문을 쓸 때 자주 들었던 말이다. 진득하게 책상 앞에 붙어있는 시간만큼 글도 써진다는 의미이다. 시간과 글이 완전 정비례는 아니겠지만, 엉덩이가 가벼울수록 글의 분량과 깊이가 가볍고 얕아지는 게 전혀 틀린 소리는 아닐 것이다. 그렇기에 작가에겐 의자에 오래 앉아 있는 것도 뛰어난 문장을 쓰는 재능만큼이나 중요한 능력이다. 그 능력은 분명 연습과 반복을 통해 단련해야 한다. 글을 쓰기 위해 의자에 앉아 있는 시간은 몸이 배배 꼬일 만큼 힘들고 괴롭다. 하지만 독자들이, 그리고 작가 스스로가 만족할 만한 좋은 글을 쓰기 위해선 이겨내야만 하는 고통이다.

지금 이 글을 쓰면서도 중간중간 집중력이 떨어져 앞서 언급한 피아노 연주 영상을 다시 보았다. 이렇게 경이롭고도 아름다운 연주를 하기까지 피아니스트가 겪었을 연습의 시간을 생각해 보았다. 그리고 그 시간을 끝내 통과해 내었기에 도달한 성취를 몇 번이고 반복해서 확인했다.

나도 언젠가 내가 이룰 성취를 상상해 본다. 그 상상을 현실로 만들기 위해 지금도 들썩들썩하는 엉덩이를 열심히 달래가며 의자에 붙어있다. 쿠션이 그다지

그렇기에 작가에겐 의자에 오래 앉
아 있는 것도 뛰어난 문장을 쓰는
재능만큼이나 중요한 능력이다. 그
능력은 분명 연습과 반복을 통해 단
련해야 한다

편하지도 않은 의자에 앉아 있는 엉덩이가 불쌍하기도 하지만, 엉덩이도 분명 이해해 줄 거라 믿어본다. 언젠가 내가 만족할 만한 성취를 이룬다면 엉덩이를 위해 좋은 의자를 선물해 줘야겠다.

고등학교 3학년 수험생 시절 이후로 이렇게 엉덩이가 고생하는 건 제 인생 두 번째인 듯합니다. 그때는 어리기라도 했지…….

13

이토록 어리석고
대책 없는 작가

2024.04.25.

얼마 전 지인과 만나 이런저런 잡담을 나누던 중이었다. 벌써 4월도 다 갔네요, 라는 넋두리 같은 말로 시작한 대화는

"(꽃구경도 제대로 못 했는데) 봄도 벌써 끝났네요."

"(지겹도록 일하는) 하루하루는 긴데 한 달은 왜 이리 짧은 거죠?"

"(계획한 것 어느 하나 제대로) 한 것도 없는데 시간만 가는군요."

까지 흐르는 시간을 아쉬워하는 푸념들이 줄줄이 이어졌다. 문장으로 옮겨놓고 보니 왠지 모르게 한심하

게 느껴져 앞으로 저런 대화는 하지 말아야지 다짐해 본다. 하지만 다음 달이 끝나갈 때쯤 되면 분명히 또 그러겠지. (한 것도 없는데) 벌써 5월도 다 갔네요. 주저리주저리.

달력을 보다가 문득 딱 1년 전에 세 번째 작품집이 나왔던 걸 떠올렸다. 책 마지막 장을 펼쳐서 발행일을 확인해 보니 작년 4월 28일이다. 벌써 기억이 가물가물해지긴 했지만 아마 작년 4월 한 달은 정말 정신없었을 것이다. 책 출간 직후인 5월도 분명 바빴을 테고. 그러고 보면 내가 다녔던 회사는 1년 중 4, 5월과 10, 11월이 무척 바빴는데, 그 시기에 정확히 맞춰 책을 출간한 거 보면 나란 놈도 적잖게 생각이 없지 않았나 싶다.

세 번째 작품집은 공을 많이 들였던 기억이 난다. 물론 그전에 발표한 작품들도 모두 다 아끼고 공들인 작품이지만, 세 번째 작품집에 수록된 소설들은 내게 어떤 의미에서 새로운 도전이었다. 하나의 테마를 공유하면서 배경과 인물이 연결되는 네 편의 연작소설 형태는 기존에 시도해 본 적 없던 형태였다. 긴 호흡이 필요했고, 그만큼 시간과 노력을 많이 투입했다. 마침내 네 편의 소설을 모두 완성했을 때 난 새로운 도전의 결과물에 만족스러워했다. 한 단계 성장했다고 믿었고, 분명 전보다 독자들의 반응도 좋을 거라 확신했다.

하지만 그렇지 않았다. 반응은 시원찮았다. 아니, 판매량이 이전 작품들에 비해 크게 떨어지는 건 아니었다(그래 봤자 도토리 키 재기지만). 단지 내 기대가 높았기에 그만큼 독자들의 반응에 실망도 더 컸다. 왜 이렇게 되었을까 생각해 보니, 내가 독자들은 생각하지 않고 오로지 내가 하고 싶은 것만 생각하며 소설을 썼던 게 가장 결정적인 이유 아니었나 싶다. 전에 해보지 않았던 새로운 구성과 형태라는 도전에만 매몰되어 정작 독자들은 어떤 소설을 읽는지, 어떤 소설에 흥미를 보이는지 전혀 고려하지 않았다. 그저 내가 만들어 낸 세계에 몰두하고, 소설가로서의 성장만 생각했다. 어리석었다.

이렇게 한 번 실패를 경험했으니 정신 차리고 독자들에게 읽힐만한 소설을 써야 할 텐데, 난 이번에도 결국 내가 하고 싶은 새로운 도전을 하고 있다. 그간 독자들이 내 소설에서 좋아했던 세밀한 감정 묘사와 서정적이고 감성적인 분위기는 버리고 완전히 결이 다른 초현실적이고 어두운 분위기의 소설을 쓰고 있다. 사실 이런 이야기는 이제까지 한 번도 써본 적이 없어서 과연 잘 쓸 수 있을지 자신이 없었는데, 그래도 고집스럽게 매달려 어찌어찌 네 편을 써냈다.

쓰긴 썼는데 읽어보면 어쩔 수 없이 내 소설이 아닌 듯 어색하고 생소했다. 이 소설들이 독자들에겐 과연 어떻게 다가갈지 걱정되고 불안했다. 세 번째 소설집을 작업할 땐 대책 없는 자신감이라도 있었는데, 한번 경험해서인지 이번엔 선뜻 그러기도 쉽지 않았다. 이러한 불안과 의심은 최근 4월 한 달간 매달려 초고를 완성한 다섯 번째 소설에 나도 모르게 반영되었고, 그래서인지 소설은 위안과 용기를 주는 이야기가 되어 있었다.

소설 속에서 주인공은 작가인데 심적으로 힘들고 방황하는 상태에 놓여 있다. 그러다 개인적인 이유로

방문한 에든버러에서 맞이한 초현실적인 순간에 한 여인을 만나게 되고, 주인공은 그녀에게 지금 이 순간이 환상이냐고 묻는다. 고개를 갸웃한 그녀는 초승달처럼 신비로운 미소를 지으며 대답한다.

"현실이든 환상이든 그건 중요하지 않아요. 그저 받아들이면 돼요."

그리고 이어서 이렇게 말한다.

"그러면 자신의 이야기가 되니까."

난 그런 말을 하고 싶었던 것 같다. 이것도 나의 이야기라고. 익숙하진 않겠지만 결국 이것도 주얼이란 작가의 소설이라고. 그러니 받아들여달라고. 생각해 보면 지금까지 단 한 번도 많이 팔리는 것을 목적으로 소설을 쓴 적은 없다. 물론 그런 것을 의도했어도 이루어지지 않았겠지만, 그보단 내가 좋아하고 내가 쓰고 싶은 이야기를 썼다. 이번 소설들도 나조차 낯설지만 결국 내가 원했기에 쓴 소설들이다. 물론 독자들의 선택은 냉정할 것이다. 그리고 어쩌면 난 또 좌절하고 실망

생각해 보면 지금까지 단 한 번도
많이 팔리는 것을 목적으로 소설을 쓴 적은 없었던 것 같다.
물론 그런 것을 의도했어도 이루어지지 않았겠지만,
그보단 내가 좋아하고 내가 쓰고 싶은 이야기를 썼다.

할지도 모른다. 하지만 어쩌겠는가. 이렇게 뻔히 알면서도 저지르고 마는걸. 다시 깨닫지만 나란 놈은, 적어도 소설을 쓸 때만큼은, 이토록 어리석고 대책 없는 놈이다.

4월은 이제 끝났다. 다행히 4월에 소설 한 편을 완성하며 조금이나마 마음이 안정되었으니, 5월 한 달 동안도 의심하거나 불안에 떨지 말고 치열하게 작업을 해보려 한다. 그래서 5월이 끝나갈 때쯤엔 '한 것도 없는데'가 아닌, '그래도 뭣 좀 했더니' 시간이 갔네요, 라고 말할 수 있었으면 한다.

어리석고 대책 없지만……, 꾸준합니다.(좋은 건가?)

봄에서 _________________ 여름

5월부터 7월까지

그럼에도 사랑하니까

14

작가들의 밤

———————

2024.05.02.

　지난 토요일, 서촌에서 열린 한 북페어 행사를 찾았다. 독립출판계에서 드물게 소설을 쓴다는 공통점으로 인연을 맺게 된 동료 작가 두 분(편의상 이제부터 I와 L로 표기하겠다)이 행사에 참여한다기에 만나러 간 거였다. 다들 경기도에 살아 자주 만나기가 쉽지 않은데 마침 멀지 않은 서촌에서 열리는 행사에 참여하기에 기회다 싶어 함께 저녁 식사를 하기로 했다.

　행사가 마무리되는 6시에 맞춰 방문했다. 나도 참여 신청을 했던 행사였는데 아쉽게도 선정은 안 됐다.

참여를 신청한 북페어에 떨어지면 내가 뭔가 부족해서 그런가, 내 작품들이 별로여서 그런가, 라는 자격지심을 매번 느끼게 된다. 그게 아닌 걸 알면서도(아니라고 믿고 있다) 그런 생각이 드는 건 어쩔 수가 없다. 행사장에서 I와 L을 만나 반갑게 인사를 하고 사람은 많이 왔는지, 책은 많이 팔았는지 물었는데 차이는 있지만 전반적으로 그렇게 성황은 아니었던 듯했다. 그 얘기 들으니 또 선정되지 않은 게 다행인 건가 싶기도 하고. 이럴 때 보면 사람 마음이 참 간사하다.

행사 정리를 마친 후 우리는 식당으로 이동하기 위해 많은 인파로 북적거리는 서촌 거리를 걸었다. 날씨가 무척 좋았던 4월의 토요일 오후인지라 어디를 가도 사람이 많았는데, 이곳저곳 기웃거리다 그나마 사람이 적은 쪽갈비 식당에 들어갈 수 있었다. 그런데 이곳도 우리가 자리를 잡은 뒤 곧 만석이 돼 기다리는 사람들의 줄이 금세 길게 늘어섰다. 항상 느끼지만 서울엔 사람이 너무나도 많다.

맛있는 음식과 함께 한두 잔 술을 주고받았다. 서

로의 근황을 나누던 우리는 어느 순간 창작의 고통과 어려움을 두서없이 토로하고, 그래도 어떻게든 쓰게 만드는 소설을 향한 외사랑을 누가 먼저랄 것도 없이 고백했다. 상대방의 어려움과 즐거움이 진심으로 이해되고 공유되는 사이. 그래서 누구보다 속 깊은 위로와 응원을 건넬 수 있는 사이. 독립출판계에서도 소수 장르인 소설을 쓰는 외롭고 고독한 우리는 이렇게 서로를 멈추지 않게, 또 주저앉지 않게 지지해 주고 지탱해 준다. 내게 있어 참 고마운 사람들이다.

식사를 마치고 장소를 옮겨 계속된 술자리에서도 우리의 얘기는 끊임이 없었다. 혼자 소설 쓰는 게 너무 어려워 합평 수업을 신청했다는 L의 말엔 모두가 잘한 결정이라고 북돋아 주었다. 최근 발표된 한 작가의 소설이 도통 이해가 가지 않았다는 I의 말엔 너도나도 동의한다며 요즘 소설을 향한 조금은 시샘 섞인 투정을 부리기도 했다. 그렇게 사소하고 무의미하지만 동시에 무엇보다 중요하고 진지한 작가들의 수다는 밤늦게까지 이어졌다.

I가 전철 막차 시간에 맞춰 먼저 떠나고, L과 나는 이렇게 헤어지긴 아쉽다며 계속해서 술자리를 이어가기로 했다. 근처 바(bar)로 이동해 위스키를 마시던 우리는 흘러나오는 노래에 빠져들었고, 난 음악을 듣기에 더 좋은 곳이 있다며 L을 나의 단골 LP바로 데리고 갔다. 올해 초 장소를 이전한 이후 첫 방문이었는데, 공간은 더 넓어지고 깔끔한 새 가구들로 꾸며져 있었지만, 분위기만은 예전 그대로였다. 조도가 낮은 노란빛 전구, 선반 빼곡히 꽂힌 수많은 LP, 벽면 크게 걸린 짐 모리슨의 사진, 커다란 스피커에서 흘러나오는 옛 노래, 그리고 무엇보다 반가운 건 여전히 그 공간을 지키고 계신 사장님이었다. 오랜 세월이 흐르고 장소가 바뀌어도 한결같이 턴테이블 앞에서 음악을 틀어주고 계신 사장님이 너무나 반가웠다. 얼마나 반가웠으면 소심하고 낯가리는 성격의 내가 사장님 손을 두 손으로 덥석 잡고 인사를 했을 정도다. 물론 술기운이 한몫했다.

L과 맥주를 홀짝이며 음악을 들었다. 여긴 음악 소리가 워낙 커 조용한 대화는 쉽지 않은 곳이다. 하지만 우린 이제 대화가 크게 필요치 않았다. 흘러나오는 노

래의 멜로디와 가사를 음미하며, 신청한 곡이 나오면 반가워하며, 때로는 함께 큰 목소리로 노래를 따라 부르며 그렇게 깊은 밤의 시간을 가만히 흘려보냈다. 단지 이것만으로도 우리는 충분히 행복했고, 서로를 더 잘 이해할 수 있었다.

이곳에 오면 예전부터 종종 신청하던 노래가 있다. 넥스트(N.EX.T)의 〈힘겨워하는 연인들을 위하여〉. 이 날도 역시 이 곡을 신청했고, 노래가 흘러나오자 난 뭐라 말할 수 없는 감상에 젖어 들었다. 노래엔 이런 가사가 반복된다.

아직 단 한 번의 후회도 느껴본 적은 없어
다시 시간을 돌린대도 선택은 항상 너야

오늘의 만남 때문이었을까. 이 가사가 나에겐 유독 더 의미심장하게 다가왔다. 난 옆자리의 L에게 슬쩍 물어보았다.

"작가님, 소설 쓰는 거 후회해요?"

L은 바로 대답 못 하고 그저 웃기만 한다. 난 짓궂

은 걸 알면서도 다시 묻는다.

"다시 선택할 수 있다면, 독립출판 또 할 거예요?"

잠시 머뭇거리던 L은 잘 모르겠다고, 선택 안 할지도 모르겠다고 대답했다. 나는 고개를 끄덕이며 미소지었다. 만약 후회 안 한다고, 선택은 같다고 대답했어도 난 분명 좋아했을 것이다. 하지만 L의 대답이 나는 더 좋았고 그렇게 답해줘서 감사했다. 나도, 그리고 오늘 만난 I와 L도 분명 글쓰기를 사랑하고, 소설을 사랑하고, 독립출판을 사랑한다. 동시에 그 모든 것을 미워하고 힘겨워한다. 그래서 최선을 다한다. 순간에 집중한다. 그러니 선택을 후회한다고 해도 비난할 수 없다. 오히려 박수를 건네고 등을 토닥여줄 것이다. 이미 그 선택을 했을 때부터 누구보다 멋졌으니까.

LP바를 나올 때 사장님에게 인사를 하며 이 공간을 계속 지켜주셔서 감사하다고 말씀드렸다. 사장님은 언제든지 오라고 답해주셨다. 평소 조금은 무뚝뚝한 사장님이시지만 대답과 함께 미소를 지어주셨다. 그 미소는 분명 이렇게 말하고 있었다. 언제든지 와. 이 공간은 여전할 것이고, 노래는 멈추지 않을 테니까.

나도, 그리고 오늘 만난 I와 L도 분명 글쓰기를 사랑하고,
소설을 사랑하고, 독립출판을 사랑한다.
동시에 그 모든 것을 미워하고 힘겨워한다.
그래서 최선을 다한다. 순간에 집중한다.
그러니 선택을 후회한다고 해도 비난할 수 없다.
오히려 박수를 건네고 등을 토닥여줄 것이다.
이미 그 선택을 했을 때부터 누구보다 멋졌으니까.

　　밖으로 나오자 새벽 2시의 공기는 너무나 시원하고 부드러웠다. 대학로는 미처 잠들지 못한 젊음으로 분주했고, 나의 발걸음은 그 어느 때보다 가벼웠다. 모든 게 감사한 밤이었다. 날씨도, 음악도, 그리고 사람도. 심지어 이 시간에 나를 집까지 데려다주는 나이트 버스마저도.

LP바 스피커에서 흘러나오는 〈힘겨워하는 연인들을 위하여〉의 도입부를 들으면 왠지 모르게 가슴이 저릿해집니다.

15

독립출판 장돌뱅이 1

2024.05.09.

장돌뱅이라는 단어를 아시는지. 표준국어대사전에는 '장돌림을 낮잡아 이르는 말'이라고 되어 있는데, 여기서 장돌림은 '여러 장으로 돌아다니면서 물건을 파는 장수'를 의미한다. 그 유명한 이효석의 「메밀꽃 필 무렵」은 이러한 장돌뱅이가 주인공인 소설이다. 고정된 상점 없이 장이 서는 곳을 찾아다니며 장사를 하는 장돌뱅이의 삶은 어찌 보면 자유로워 보이기도 하고, 어찌 보면 불안하고 고단해 보이기도 한다. 거칠게 비유하자면 프리랜서와 비정규직 노동자 사이의 그 어디쯤이라고 할 수 있을지도 모르겠다.

독립출판을 시작한 후 독립출판 북페어라는 행사를 알게 되었다. 독립출판 작가나 출판사들이 한 장소에 모여 독자들에게 직접 책을 파는 행사인데, 생각보다 자주 다양한 규모로 개최된다. 서점 입고만으로는 책의 홍보와 판매에 한계가 분명한 나 같은 독립출판 작가에게 북페어는 분명 유의미하고 도움이 되는 행사다. 그래서 2022년 두 번째 작품집 발표 이후부터 북페어 개최 공지만 보면 부지런히 신청해서 이 행사 저 행사에 참여했다. 그렇게 '독립출판 장돌뱅이' 생활을 시작하게 되었다. 커다란 여행용 가방에 책과 진열대, 테이블보 등 관련 물품을 바리바리 챙겨서 전국 각지의 북페어를 찾아다니는 모습은 「메밀꽃 필 무렵」 속 주인공 허생원과 별반 다를 게 없다.

북페어는 대체로 수도권에서 많이 개최되지만, 지방 곳곳에서도 심심치 않게 열린다. 지금까지 군산, 부산, 심지어 제주까지 장거리 원정을 다녀오기도 했다. 기차나 버스를 타고(제주도는 비행기를 타고!) 이렇게 먼 지방을 갈 땐 마치 여행 가는 기분이 들기도 해 나름 설레고 좋다. 물론 판매실적이 좋지 않아 무거운 가방을 끌고 다시 서울로 돌아올 때의 기분은 썩 좋지 않다. 교통비와 숙식비, 이동 시간 등을 고려하여 손익을 따져보고 있노라면 쓰린 속을 달랠 길이 없다.

그래도 여전히 난 이것저것 따지지 않고 부지런히 북페어에 신청하고 있다. 올해부터 전업 작가 생활을 시작하면서 시간 여유가 생겼기에 행사 장소나 성격, 규모는 크게 고려하지 않고 내 책을 전시하고 판매할 기회라고 판단되면 무조건 신청부터 하고 있다. 얼마 전 다녀온 부산 행사는 그리 많지 않을 판매량이 충분히 예상되었음에도 별다른 고민 없이 참여를 결정하고 다녀왔다. 올해는 그 어느 때보다 장돌뱅이 생활에 최선을 다하고 있다.

이러한 모습은 사업적 측면에선 전략적이지 못하다. 어쨌든 일정 수준 이상 책을 팔아 수익을 내야 하는 상황에서 적자가 뻔히 예상됨에도 불구하고 계속하는 건 독립출판이 취미가 아닌 이상 분명 어리석은 짓이다. 이렇게 잘 아는데도 불구하고 앞뒤 안 가리고 계속해서 북페어에 참가하는 나는 어쩌면 북페어가 보여주는 신기루 같은 환상에 중독되어 맹목적으로 쫓아다니는 건지도 모른다. 마치 불에 달려드는 불나방처럼 말이다.

그래도 어쩔 수 없다. 아직 어리석은 난 부스를 홀로 지키며 아무리 몸이 힘들어도, 그리고 가끔 내가 지금 왜 이러고 있나 자괴감이 느껴져도 내 책에 관심을 보이는 독자들의 호기심 어린 눈빛과 한 장 한 장 페이지를 넘기는 조심스러운 손짓을 눈앞에서 직접 보게 되면 모든 이성적 기준과 판단이 무너지고 만다. 내 책을 구매한 독자에게 사인해 줄 때면 손익이 어쩌고저쩌고 하는 생각은 온데간데없이 사라지고 계속 어리석어도 좋겠다는 생각만 하게 된다. 이런 거 보면 확실히 중독이 맞다. 독자의 관심과 애정을 향한 중독. 희소하기에 더욱더 갈구하게 되는 중독. 이렇게 써놓고 보니 조금 애달프기도 하다.

～

장돌뱅이의 꿈은 무엇일까? 아마도 많은 돈을 벌어

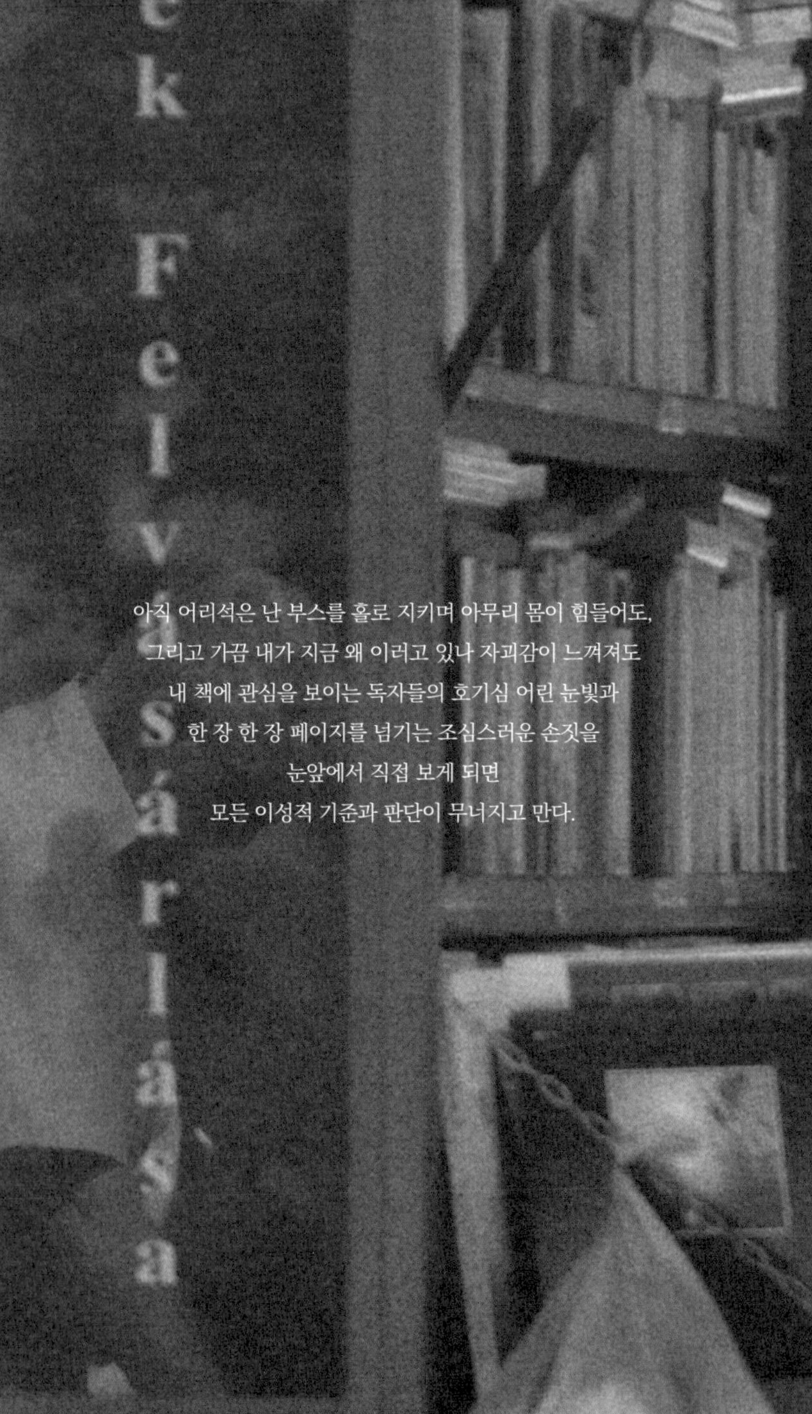
아직 어리석은 난 부스를 홀로 지키며 아무리 몸이 힘들어도,
그리고 가끔 내가 지금 왜 이러고 있나 자괴감이 느껴져도
내 책에 관심을 보이는 독자들의 호기심 어린 눈빛과
한 장 한 장 페이지를 넘기는 조심스러운 손짓을
눈앞에서 직접 보게 되면
모든 이성적 기준과 판단이 무너지고 만다.

서 번듯한 자신의 상점을 갖는 것 아닐까. 분명 여기저기 돌아다니며 피곤하게 장사를 하지 않고 고정된 공간에서 안정적으로 하는 장사가 최종 목표일 것이다. 그렇다면 독립출판 장돌뱅이인 나는 어떠한 꿈을 갖고 있는가? 아직 구체적으로 생각해 본 적은 없다. 그저 많은 독자가 나를 찾았으면, 더불어 책도 많이 팔렸으면 좋겠다는 생각만 해볼 뿐이다. 그래서 북페어에서 돌아오는 내 두 손이 가벼울 수만 있다면 그것만으로도 충분히 멋지고 행복할 것 같다는 생각을 해본다.

애달프고도 순진한 독립출판 장돌뱅이의 삶이다.

대학교 선배 중에 별명이 '장똘뱅'인 선배가 있었습니다. 장돌뱅이와는 아무 상관 없고, 그저 성(姓)이 '장'이었지요.

16

버티는 힘

———

2024.05.16.

3월부터 운동을 시작했다. 전업 작가 생활을 시작하면서 규칙적인 생활 패턴과 체력 관리가 필요해서였지만, 기본적으로는 건강을 위해서였다. 지난 몇 년 동안 제대로 된 운동을 거의 하지 않았더니 건강 상태가 눈에 띄게 안 좋아졌다. 1월에 받은 건강검진을 통해 수치로 확인한 나의 상태는 심히 충격적이었고, 이대로 방치했다간 진짜 큰일 날 수도 있겠구나 싶어 운동을 더 미룰 수 없었다.

집 근처 체육관의 그룹 PT를 등록했고, 매주 두 번

또는 세 번 정도 참석하고 있다. 운동 프로그램은 크게 세 가지이다. 월요일과 수요일에는 유산소 운동, 화요일과 목요일에는 근력 운동, 그리고 금요일과 토요일에는 이 둘을 혼합한 운동으로 구성된다. 난 유산소 운동과 근력 운동을 최소 1회씩 하는 것을 목표로 했는데, 지금까지는 목표한 바를 무리 없이 지켜가고 있다. 1회당 운동시간은 50분이다. 하지만 동작 설명 시간, 준비운동과 마무리 운동 시간, 그리고 운동 사이 짧은 휴식 시간을 제외하면 실제 제대로 운동하는 시간은 고작 20분 정도이다. 물론 이것만으로도 상당히 힘들다(적어도 나에겐).

체육관에서 유산소 운동은 카디오(cardio), 근력 운동은 리지스턴스(resistance)라고 부른다. 카디오는 심장강화운동을 의미하며, 심박수를 최대치로 끌어올려 숨차게 만드는 운동이다. 버피, 러닝, 사이클, 로잉 머신 등이 해당한다. 리지스턴스는 저항운동이라는 의미로, 무거운 무게를 들어 올리는 운동이다. 보통 덤벨, 케틀벨, 플레이트 등을 활용하는 운동이다. 두 운동이 기대하는 효과는 차이가 있지만, 내 생각에 근본적인 목적은 같다. 바로 버티는 힘 기르기.

버티기 위해선 버틸 수 있는 신체적, 정신적 능력
이 필수적으로 수반되어야 한다. 유산소 운동으로 심장
이 터질 것처럼 숨을 헐떡거리게 만드는 것도, 근력 운
동으로 근육을 끊어질 듯 팽팽하게 만드는 것도 바로
이러한 버틸 수 있는 몸과 마음을 만들기 위함이다. 운
동하는 중엔 숨이 넘어갈 것 같고, 온몸이 후들거리고,
나도 모르게 정신적으로 나약해지려는 순간이 무수히
찾아온다. 하지만 그 순간을 어떻게든 견뎌내면 미세하
게나마 점점 더 강한 자극에 버틸 수 있는 몸과 마음으
로 변하는 게 느껴진다.

아마도 운동을 혼자 했다면 절대 이 정도로 해내
지 못했을 것이다. 바른 자세를 알려주고, 도저히 못 버
틸 것 같을 때 옆에서 조금만 더! 한 번만 더! 를 외쳐주
는 트레이너가 있기에 중간에 포기하지 않고 독한 마음
으로 운동을 할 수 있다. 그룹 PT이다 보니 함께 운동
하는 사람들도 큰 도움이 된다. 잘하는 사람을 보면 나
도 저렇게 하고 싶다는 동기부여가 되고, 실력이 아직

조금 부족한 사람을 보면(다른 사람들에겐 아마도 내가 그렇게 보이겠지) 그래도 내가 저분보다는 낫다는 성취감을 느끼기도 한다. 이렇게 함께 하면서 나는 분명 신체적으로, 그리고 정신적으로 더 단단해지고 강해진다. 외부 자극에 쉽게 무너지지 않고 조금 더 버틸 수 있는 사람이 되어 간다.

그러고 보면 글쓰기도 그렇다. 좋은 글을 쓰기 위해선 근사한 이야기를 창조하는 능력과 멋진 문장을 쓸 수 있는 능력이 가장 중요하겠지만, 이와 함께 꾸준하게 버티는 힘도 분명 필요하다. 글이 써지지 않을 때 포기하지 않고 계속 의자에 앉아 있는 힘, 기대와 다른 반응을 받았을 때 좌절하지 않고 자존감을 지키며 의연함을 유지하는 힘, 그리고 외부 환경이 의지를 꺾으려 해도 글쓰기를 향한 애정을 끝까지 믿게 하는 힘. 이러한 힘이 글쓰기에 있어 버티는 힘이다. 아직 많이 부족하지만 조금씩 키워가고 있다. 읽고, 쓰고, 생각하고, 그리고 이 모든 걸 끝없이 반복하면서.

그리고 운동과 마찬가지로 함께 하는 사람들이 있

글이 써지지 않을 때
포기하지 않고 계속 의자에 앉아있는 힘,
기대와 다른 반응을 받았을 때
좌절하지 않고 자존감을 지키며 의연함을 유지하는 힘,
그리고 외부 환경이 의지를 꺾으려 해도
글쓰기를 향한 애정을 끝까지 믿게 하는 힘.
이러한 힘이 글쓰기에 있어 버티는 힘이다.
아직 많이 부족하지만 조금씩 키워가고 있다.
읽고, 쓰고, 생각하고, 그리고 이 모든 걸 끝없이 반복하면서.

어 글 쓰는 삶을 더 잘 버틸 수 있다. 같은 방향으로 함께 걸어가며 서로 응원해 주는 동료 작가들, 함께 글을 나누며 칭찬과 조언을 아끼지 않는 문우들, 어쩌면 초라하고 부족해 보일지도 모를 나의 삶을 묵묵히 믿어주고 지지해 주는 친구들, 그리고 내 가족. 그들이 있기에 분명 나의 글쓰기는 내 신체처럼 단단해지고 강해질 거라 믿는다. 끝까지 버틸 수 있을 거라 확신한다.

∾

지난 토요일에 있었던 일이다. 오전에 외부 일정을 마치고 오후에 집에서 쉬고 있을 때 고등학교 친구로부터 갑작스럽게 전화가 왔다. 가장 가까운 친구 중 한 명인 그는 내가 전화를 받자마자 다짜고짜 오늘은 어디 카페에서 글 쓰고 있냐고 물었다. 지난번에 전화했을 때 내가 카페에서 글 쓰고 있었다는 걸 기억하고 하는 질문이었다. 난 오늘은 집에서 쉬고 있다고 답했고, 친구는 장난스럽게 말했다.

"야, 프리랜서가 토요일이 어딨어. 열심히 써야지."

"큰일 날 소리 하네. 프리랜서도 어엿한 노동자야.

주 5일 노동 준수한다고.”

친구는 웃으면서 그러냐, 하더니 글은 잘 써지냐고 물었다. 난 마감이 다가오니 어쨌든 쓰고 있다고 답하고, 넌 어떻게 지내냐고 물었다. 친구는 뭐 별거 있냐고, 별일 없는 날들의 반복이라고 했다. 난 별일 없는 게 행복한 거라고 말했고, 친구도 그렇지, 라고 답했다. 그리고 말했다.

“그나저나 술 사준다니까 왜 안 와? 언제든지 오라니까.”

“그러게, 내가 조만간 시간 내서 연락할게.”

그렇게 통화는 끝났다. 통화 시간은 고작 3분 정도. 그다지 특별할 것 없는 40대 남자들의 통화였다. 하지만 난 친구와의 예상치 못한 갑작스러운 통화를 마치고 괜스레 미소가 지어졌다. 마음이 따듯해졌다. 날 생각해서 전화해 준 친구의 온기가 전달됐다. 친구의 전화 덕분에 날 버티게 하는 힘이 조금 더 더해졌다. 그렇게 난 무너지지 않고 버티며 계속해서 나아간다.

인생은 버티던가, 버‘튀던가’ 둘 중 하나겠지요. 우선 잘 버텨보려 합니다.

17

당신은 행복한가요?

2024.05.23.

지난 주말 한 예능 방송을 보았다. 혼자 사는 배우의 하루를 보여주는 방송이었는데, 그의 하루는 그다지 특별하지 않았다. 아침에 일어나 자신의 공간을 정리하고, 집에 있는 식재료를 사용해 손수 세끼 음식을 만들어 먹고, 적당한 운동을 하고, 오래된 반려견과 산책을 하고, 그리고 편안하게 휴식을 취했다. 그가 이렇게 하루를 보내며 반복적으로 하는 말이 있었는데, 그건 바로 "좋다"와 "행복하다"였다. 음식을 먹을 때도, 산책할 때도, 휴식을 취할 때도 감탄사처럼 내내 저 말을 내뱉었다. 그런 그의 모습은 정말 행복해 보였다.

방송 속 그의 모습을 보고 있으면 행복은 평범한 일상을 보내도 언제든지—꼭 특별한 이벤트가 없어도—충분히 누릴 수 있는 가치처럼 보인다. 사실, 매 순간 자신에게 오롯이 집중하고 만족한다면 행복을 느끼는 게 그리 어렵지 않다는 건 나도 알고 있고, 이 글을 읽고 있는 당신도 분명 알고 있다. 이미 누구나 알고 있는 사실이다.

하지만 모든 게 그렇듯 아는 것과 실천은 굉장히 다른 문제이며, 그래서 행복을 느끼는 건 말처럼 간단하지 않다. 지금 눈앞의 순간에 집중해야 하지만 우리는 종종 현재를 불만스러워하면서 흘러간 과거를 그리워하거나 다가오지 않은 미래를 두려워한다. 미디어나 SNS를 통해 공유되는 타인의 화려한 삶을 선망하지만, 동시에 박탈감을 느끼며 자신을 아끼기보다 스스로 깎아내리기도 한다. 모두 어리석은 행동이고, 그래서 애처롭다.

회사에 다닐 때 나는—적어도 내가 하는 일에 있어—행복하지 않았다. 늘 사람들에게 시달렸고, 내가 만든 결과물은 만족스럽지 않았다. 항상 자신감이 부족했고, 열등감에 시달렸으며, 나의 일에 애정을 갖지 못했다. 그래서 어떻게든 소설 쓰기와 독립출판으로 도망치려 했다. 잠을 줄여가며, 주말을 투자해서, 때로는 사무실에서 몰래. 그래야지만 행복했다. 좋아하는 것을 하며 현실의 불행을 잠시나마 잊었다.

그렇다면 그토록 좋아하는 것이 업이 된 지금의 나에게 "당신은 행복한가요?"라고 묻는다면, 난 "그럼요, 행복하죠"라고 대답할 수 있을까? 아무 주저함 없이 저렇게 대답하진 못할 것 같다. 분명 "글쎄요……"로 시작해 한참을 머뭇거리며 고민할 것 같다. 행복하지 못했던 모든 상황이 사라지고 내가 진심으로 원했던 것으로만 내 삶을 채웠으니 행복해야 마땅하건만, 왜 나는 자신 있게 행복하다고 말하지 못하는 걸까?

아마도 나는 이미 손에 쥔 행복을 모르는 체하고, "이건 행복이 아니야"라며 부정하고 있는 것 같다. 반면 행복하지 못한 이유는 어떻게든 찾아내 그게 지금 나의 전부인 양 집착하고 있다. 전보다 줄어든 경제적

소득, 좁아진 인간관계, 좀처럼 발전이 없는 나의 문장, 나와는 다르게 목표를 향해 부지런히 전진하는 동료 작가들. 대부분 당장 어찌할 수 없기에 굳이 신경 안 써도 되는 문제들이지만, 난 그러지 못하고 스스로 행복하지 않다고 여긴다. 행복을 느끼지 못하게 만드는 어리석은 행동을 그대로 하고 있다.

최근 원영적 사고라는 말을 알게 되었다. 아이돌 그룹 멤버인 장원영의 말과 행동에서 유래된 것으로 초긍정적 사고를 의미한다. 간단히 말하면 자신에게 일어나는 모든 일을 긍정적으로 해석하고 받아들이려는 사고라고 할 수 있는데, 예전 예능 방송 〈무한도전〉의 팬이었던 나에겐 웃어야 행복하다는 노긍정 선생의 가르침과 유사하게 여겨지기도 한다. 그러고 보면 행복이라는 감정은 가만히 있는 사람보다는 의식적으로 노력하는 사람이 더 잘 느끼는 것 같다는 생각이 든다. 앞서 언급한 방송 속 그가 계속해서 "좋다", "행복하다"란 말을 하는 건 자연스럽게 행복한 감정이 느껴져서일 수도 있지만, 의도적으로 모든 순간에 행복함을 부여하려는 노력일 수도 있다.

물론, 일부러 만들어내는 듯한 행복한 감정이 억지스럽게 보일 수도 있고, 자연스럽게 느껴야 하는 거 아니냐고 반문할 수도 있다. 하지만 행복을 더 자주, 그리고 가깝게 느끼기 위해선 적어도 어느 정도의 의도된 '감정적인 노동'이 필요하다고 생각한다. 특별하지 않은 작은 것에도 감사하고, 자신이 처한 상황을 긍정적으로 바라보며, 조금 과하더라도 행복한 감정을 일부러 표현하려는 행위. 이러한 행위들이 행복을 느끼기 위한 '감정적인 노동'이며, 다르게 말하면 부정적인 감정이 자신을 잠식하려는 걸 어떻게든 막으려는 최소한의 투쟁이다.

행복을 느끼기 위한 '감정적인 노동'은 생각보다 힘들 수 있다. 하지만 노력한다면 충분히 가능하다(고 생각한다). 이러한 노력이 일상에 자연스럽게 녹아든다면 삶은 훨씬 더 긍정적 에너지로 충만해지고, 그러한 삶은 예상치 못했던 멋지고 근사한 곳으로 자신을 이끌

하지만 행복을 더 자주, 그리고 가깝게 느끼기 위해선
적어도 어느 정도의 의도된 '감정적인 노동'이 필요하다고 생각한다.
특별하지 않은 작은 것에도 감사하고,
자신이 처한 상황을 긍정적으로 바라보며,
조금 과하더라도 행복한 감정을 일부러 표현하려는 행위.
이러한 행위들이 바로 행복을 느끼기 위한 '감정적인 노동'이며,
다르게 말하면 부정적인 감정이 자신을 잠식하려는 걸
어떻게든 막으려는 최소한의 투쟁이다.

것이다.

그러니 "당신은 행복한가요?"라는 질문에 확신이 없더라도 우선은 자신 있게 대답해 보려 한다.

"물론이죠. 행복합니다!"

이 대답만으로도 분명 많은 것이 바뀔 테니까.

노긍정 선생님께서는 말씀하셨습니다. "행복해th ㅓ 웃는 게 아니라, 웃어 th ㅓ 행복한 겁니다! 여러분, 웃으th ㅔ요!" 정말 명언 아닙니까?

18

설명은 어려워

2024.05.30.

"무슨 일 하세요?"

예전에 이런 질문을 받으면 설명하기가 조금 곤혹스러웠다. 왜냐하면 "도시계획 합니다"라는 나의 대답에 십중팔구 "그게 뭔가요?"라는 질문이 되돌아왔기 때문이다. 그러면 난 어떻게 설명해야 상대방이 쉽게 이해할까 고민하며 이렇게 저렇게 부연한다. 신도시를 계획하기도 하고……, 그런데 요즘엔 신도시 개발이 거의 없으니 지구단위계획이란 걸 주로 하는데……, 아, 지구단위계획이 뭐냐고요? 그게 뭐냐면……. 상대방이 제대로 이해하면 그나마 다행이지만, 내 설명을 들은 사람 대부분 난처한 표정으로 말한다. "아······, 네······."

그래서 간단명료하게 설명할 수 있는 직업이 부러웠던 적이 있다. 보통 전문직이나 자영업 종사자가 그렇다. 의사입니다, 선생님이요, 식당 합니다, 카페 해요, 정도의 대답이면 상대방이 이해하지 못해 추가 설명할 필요는 없다. 누구나 아는 대기업 종사자들도 마찬가지다. 삼성전자 다닙니다, 현대자동차에서 일해요, 면 끝이다. 회사에서 무슨 일을 하는지는 별로 중요하지 않다.

물론 생소한 직업을 가지고 있어도 상대방에게 이해하기 쉽게 설명만 할 수 있다면 아무 문제 없다. 요컨대 중요한 건 설명하는 사람의 능력이다. 핵심만 추려서 간략하고 조리 있게 설명할 수 있으면 된다. 하지만 안타깝게도 난 그런 능력이 부족하다. 무언가를 설명하려면 이런저런 군더더기가 많이 붙는다. 그러니 듣는 사람이 따라오기가 쉽지 않고, 때때로 나조차 내 설명에서 길을 잃기도 한다.

“무슨 소설인가요?”

처음 보는 사람에게 내 소설을 소개할 때, 또는 나를 소설 쓰는 작가라고 소개할 때 종종 듣는 질문이다. 멋지게 설명해서 내 소설을, 나라는 작가를 인상적으로 알려야 하건만 그것은 역시나 나에게 어렵다. 솔직히 질문의 의도부터 파악하는 게 쉽지 않다. 소설의 장르를 물어보는 건지, 아니면 소설의 줄거리를 물어보는 건지 고민된다. 그래서 보통 두 질문에 모두 답이 될 수 있는 얘기를 해준다. 그래서 설명이 길어진다. 하지만 장황하게 풀어놓은 내 설명을 상대방이 제대로 이해했는지는 알 수가 없다.

이 질문에 제대로 답하기 위해선 우선 나부터 내가 쓴 소설에 대해 정확히 파악하고 있어야 한다. 우선 장르를 알아보자. 소설 카테고리에는 꽤 다양한 장르가 있는데(일반, 공포, 미스터리, 역사, SF, 판타지, 로맨스, 청소년 등), 내 소설은 아마도 ‘일반’에 속하지 않을까 싶다. '일반'은 ‘전체에 두루 해당되는 것’이라는 의미로, 특정 장르로 콕 집어 말할 수 없는 소설이 여기에 속한다고 할 수 있다. 생각해 보면 내 소설이 그렇긴 하다. 에둘러 말하면 보편적이고, 직설적으로 말하면 애매하고.

줄거리는, 이건 설명하기가 조금 골치 아프다. 지금까지 3종의 작품집을 통해 발표한 소설 21편의 줄거리는 모두 제각각이다(당연하다). 그래서 개별 소설의 줄거리를 말하는 건 쉽지 않고, 그래서 작품집별로 공통으로 내포하는 테마에 대해 주로 설명한다. 하지만 이게 아무래도 조금은 두루뭉술할 수 있어서 상대방도 그냥 두루뭉술하게 받아들일 가능성이 크다. 결과적으로 내 소설에 대한 인상이 그다지 강렬하지도, 선명하지도 않게 전달될 수밖에 없다.

출간된 소설이 독자들에게 가닿아 많이 읽힐 수 있도록 하려면 전략적이고도 부단한 홍보가 필요하다. 나는 작가이자 제작자이고 판매자이기도 하기에 소설을 출간할 때 어떻게 내 책을 홍보하고 설명해야 할지 고민하고 답을 마련해 놓아야 한다. 지금까지는 부끄럽게도 그 고민이 느슨했고, 그래서 답은 엉성했다. 더 치열하게 고민해야 하고, 답은 더 세련되어야 한다. 설명 능

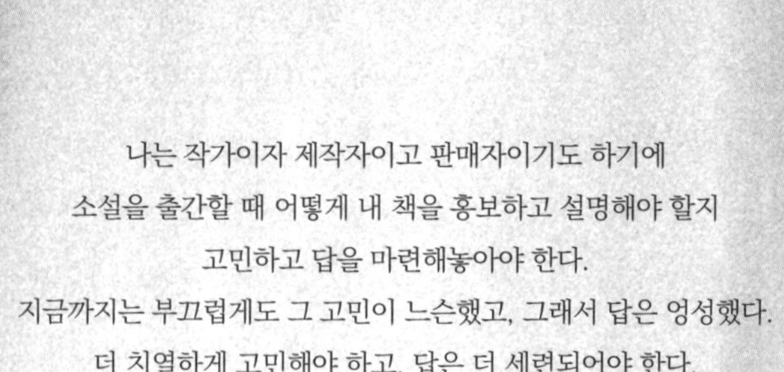

나는 작가이자 제작자이고 판매자이기도 하기에
소설을 출간할 때 어떻게 내 책을 홍보하고 설명해야 할지
고민하고 답을 마련해놓아야 한다.
지금까지는 부끄럽게도 그 고민이 느슨했고, 그래서 답은 엉성했다.
더 치열하게 고민해야 하고, 답은 더 세련되어야 한다.

력이 부족한 나에겐 분명 어려운 일이다. 하지만 어쩌겠는가. 해야만 하는, 아니 '열심히' 그리고 '잘'해야만 하는 일인걸. 내가 선택한 일이니 누구를 원망할 수도 없다.

～

6월 말에 신간이 나온다. 이번 작품집에 수록된 소설들은 내용이 다소 초현실적이고, 다소 어둡기도 하다. 내 전작들과는 사뭇 다른 색채다. 책을 설명할 때 이러한 점을 제대로 부각하고 설득시켜야 한다. 왜 초현실적이고, 왜 어둡고, 왜 전작들과 다른 색채인지 상대방의 고개를 끄덕일 수 있게 만들 설명이 필요하다. 쉽지는 않을 것이다. 벌써 머리가 아프기 시작한다. 하지만 이건 나에게 주어진 숙제이다. 누가 대신해 주면 좋겠지만, 아직은 어림없는 바람이다.

설명을 잘하는 타고난 능력은 부족하다. 그래도 다행히 머리카락을 쥐어뜯으며 고민하는 건 나름 잘한다. 그러니 이번에도 남은 시간 동안 부지런히 고민해 보려 한다(머리카락이 남아나야 할 텐데). 숙제를 잘 해내면 분명 보상도 달콤할 테니까.

별다른 설명이 없어도 사람들이 제 이름만 보고 책을 선택하는 그런 날을 상상해 봅니다. 상상만 해도 행복하군요.

19

나 혼자

2024.06.06.

시스타의 〈나 혼자〉라는 노래가 있다. 후렴구의 가사는 이렇다. 나 혼자 밥을 먹고/나 혼자 영화를 보고/나 혼자 노래하고/이렇게 나 울고불고. 이런 구절도 있다. 나 혼자 길을 걷고/나 혼자 TV를 보고/나 혼자 취해 보고/이렇게 나 울고불고. 이 가사에 빗대 요즘 내 하루를 적어본다면 이렇지 않을까. 나 혼자 글을 쓰고/나 혼자 수정하고/나 혼자 쥐어짜고/이렇게 나 울고불고/나 혼자 편집하고/나 혼자 디자인하고/나 혼자 끙끙 앓고/이렇게 나 울고불고.

그렇다. 요새 나는 혼자 분투 중이다. 신간 출간을 앞두고 책을 만들고 홍보하기 위한 모든 작업을 모조리 혼자 처리하고 있다. 독립출판을 네 번째 하다 보니 혼자 작업하는 게 뭐 새삼스러울 것도 없지만, 1년 만에 다시 하고 있으니 모든 작업이 새롭고 어려운 건 여전하다. 이 과정은 언제쯤 익숙해지고 쉬워질까 생각해보다가, 과연 그럴 수 있을까 싶기도 하다.

요즘 내게 전쟁 같은 하루하루를 안겨주는 작업은 이런 것들이다. 우선 퇴고와 교열. 완성된 원고를 처음부터 다시 읽으며 어색하거나 마음에 안 드는 부분을 계속해서 뜯어고치고 있다. 헤밍웨이가 그랬다지. 모든 초고는 쓰레기라고. 원고를 다시 보니 수정할 부분이 한두 곳이 아니어서 이건 뭐 거의 새로 쓰는 수준이다. 그래도 원고를 고치는 작업은 그나마 수월한 편.

다음은 책의 디자인과 편집. 기존에 출간했던 책과 같은 판형이어서 큰 틀은 정해져 있고, 내지 디자인도 변경 없이 그대로 사용한다. 문제는 커버 디자인이다. 어떤 이미지를 사용할지부터 이미지의 밝기와 색감, 제목의 위치와 글자의 간격, 크기 등 고민하고 결정해야 할 사항이 너무나 많다. 디자인 센스가 그다지 있는 편도 아니고, 디자인이란 게 애초에 정답이 있을 수 없다 보니 이렇게 해도 괜찮아 보이고 저렇게 해도 괜찮아 보인다. 결국 이래저래 수정만 수없이 할 뿐 도무지 결정은 못 내리고 있다. 아마도 표지 디자인 최종 결정은 마감 날짜가 해주지 않을까.

마지막으로 홍보 및 펀딩 작업 준비. 홍보 자료 작업은 아직 본격적으로 시작도 안 했다. 아무래도 탈고 및 디자인 작업 마무리가 선행되어야 한다. 이 작업도 시작하게 되면 인상적인 홍보 문구를 생각하고 눈에 띄는 이미지를 만들어야 하는 등 머리를 쥐어뜯게 만드는 사항이 한둘이 아니지만, 아직 시작 안 했으니 벌써 고민하지 않으려 한다. 펀딩 작업은 이번에 처음 해보았는데, 이게 아주 고역이었다. 온라인 플랫폼을 이용한 사전 판매를 준비하는 과정이 은근히 까다로웠다. 어찌어찌 온종일 씨름해 가며 심사 신청까지 완료하긴 했는데 만약 심사에서 보류되면 일정도 틀어지고 이래저래 귀찮아질 것 같다.

이렇게 모든 작업을 혼자 하는 건 힘든 건 둘째 치고 작업 능률과 효율이 극도로 낮을 수밖에 없다. 시간도 오래 걸리고, 투입한 시간에 비해 작업량이 많은 것도 아니며, 결과물도 그다지 만족스럽지 못할 때가 많다. 이러한 문제를 해결하는 방법은 여러 가지겠지만 가장 손쉬운 방법은 전문가 활용이다. 협업이든, 고용이든, 아니면 부탁이든 전문가와 함께하면 보다 만족스럽고 수준 높은 결과물이 나오는 건 자명하다. 이 사실을 알면서도 계속 혼자서 하는 작업을 고수하는 이유는 물론 비용 부담이 크기 때문이다.

다른 방법으로는 출판사에 원고를 투고하는 방법이 있다. 원고가 채택된다면 출판사에서 알아서 책을 만들고 홍보하고 유통해 줄 테니 내가 고민할 게 없다. 하지만 아직 내 소설이 그럴 정도의 수준이 아니란 걸 알기에 이 방법은 그다지 현실적이진 않다.

그런데, 만약 내가 비용 부담을 느끼지 않을 만큼 예산이 많거나, 아니면 내 소설을 출판사에서 당장 계약하려 한다고 가정해 보자. 그러면 나는 아무런 고민

없이 전문가에게 부탁하거나, 출판사에 원고를 넘기고 그저 책이 나오기만을 기다릴까? 과연 그렇게 할까? 정말 이상하게도, 선뜻 그렇게 하겠다고는 못할 것 같다. 여태 혼자 하느라 힘들다고 징징대놓고 이게 무슨 소리인가 싶겠지만, 지금 솔직한 내 심정이 그렇다. 도대체 이유가 뭡니까, 라고 묻는다면……, 글쎄, 이유가 뭘까?

사실 난 소설을 쓰는 것도 사랑하지만, 그 소설을 내 손으로 직접 묶어서 한 권의 책으로 만들어내는 행위에도 깊은 애정을 품고 있다. 조금 못생기고 투박하더라도 내 글이 담긴 책에는 내 정성과 온기가 오롯이 담기길 원한다. 그렇게 온전히 내 손만을 거쳐 보드랍고도 듬직한 물성을 가진 책으로 나왔을 때 느낄 수 있는 희열과 애증의 감정을 쉽게 포기할 수 없다(한 번이라도 독립출판을 해 보았다면, 이 느낌 모를 리 없다). 쓸데없는 고집이라고 할 수도 있지만, 내가 온갖 스트레스에도 불구하고 계속 혼자 작업하는 건 이런 이유가 아니면 따로 설명할 길이 없다. 미련해 보이지만 어쩔 수 없다. 그저 내 마음을 따라갈 뿐.

그래서 오늘도 여전히 나 혼자 작업 중이다. 나 혼자 수정하고, 나 혼자 편집하고, 나 혼자 고민한다. 그러면서 매우 자주 울고불고한다(물론 실제로 울진 않는다. 은유적인 표현이다). 그리고 그럴 때 내 얼굴은 어느 때보다 밝게 빛나고, 심장은 기분 좋게 두근거린다.

아마도 난 특별한 계기가 없는 이상 계속해서 이럴 것이다. 모든 게 전부 내가 원한 것이었고, 이 모든 걸 난 사랑하니까.

그래도 단 하나 도움을 받아야 한다면, 표지 디자인은 전문가의 손길을 사용하고 싶긴 합니다. 결정하기가 너무 어려워요.

미련해 보이지만 어쩔 수 없다.
그저 내 마음을 따라갈 뿐.

20

어떤 믿음

————————

2024.06.13.

*이 글은 2024년 6월 출간된 소설집 『당신의 판타지아』에 「작가의 말」로 수록되었습니다.

도시계획 회사에서 근무했던 난 2020년부터 우연히 동네 독립서점의 글쓰기 모임에 참여해 소설을 쓰기 시작했다. 그러다가 또 우연히 2021년 첫 책을 출간했고, 어떻게 하다 보니 2022년부터는 1인 출판사 운영까지 시작했다. 회사 일과 병행하며 내 앞에 보이는 즐거움을 계속해서 좇았다. 글 쓰고 편집하고 출간하는 작업을 출근 전에, 퇴근 후에, 그리고 주말에 틈틈이 시간을 내 처리했다. 그렇게 4년을 보내며 총 세 권의 소설집을 출간했다. 힘들지 않았다면 거짓말이지만, 그걸 상쇄하고도 남을 만큼 희열 또한 컸다. 한 편의 소설을 완성했을 때, 한 권의 책이 나왔을 때, 독자들이 내 책을 읽고 소감을 전할 때 소모된 에너지보다 몇 배 이상의 기쁨을 되돌려 받았다.

그러한 기쁨을 더 크게, 그리고 더 온전하게 누리기 위해 전업 작가 생활을 고민했다. 하지만 회사를 쉽사리 그만둘 수는 없었다. 소설을 쓰고 책을 만드는 순간은 너무나 즐겁고 행복해서 문득문득 꿈처럼 느껴졌다. 달콤한 환상처럼 느껴졌다. 꿈에서 깨면 이 환상이 사라져 버리는 건 아닐까 불안했다. 그래서 퇴사를 망설였다. 어려움에 부닥쳤을 때 안전하게 돌아갈 현실이 필요했고, 꿈에서 깼을 때 두둥실 허공을 걸어 다니던 내 두 발이 착지할 실재하는 지면이 필요했다. 꿈과 환상을 현실로 만들기엔 난 내 소설에, 그리고 스스로에게 자신이 없었다.

하지만 결국 올해 초에 퇴사하고 전업 작가 생활을

시작했다. 갑자기 자신감이 생겼다거나 불안함이 사라진 건 아니다. 이 작품집을 준비하는 동안에도, 지금 이 작가의 말을 쓰는 순간에도 난 내 소설이 여전히 부끄럽고, 내 결정이 어떠한 결과를 초래할지 불안하다. 그런데도 전업 작가를 선택한 건 전과 달리 내게 어떤 믿음이 생겨났기 때문이다.

처음 책을 냈을 때도, 그리고 작년에 세 번째 책을 냈을 때도 내 소망은 계속 소설을 쓰고 책을 내는 삶을 살고 싶다는 것이었다. 하지만 과연 내가 그렇게 할 수 있을지, 시작한다 해도 지속할 수 있을지 확신하지 못했다. 의심과 불안이 항상 나를 따라다녔다. 어떻게 하면 이러한 의심과 불안에 완전히 잠식당하지 않을 수 있을까 고민했다. 그러다 깨달았다. 나를 믿는 수밖에 없다는 것을. 그 무엇보다 깊고 단단하게. 그래서 나는 믿어보기로 했다. 불안한 미래이지만 앞으로도 계속 소설을 쓰겠다고. 어떻게든.

깊고 단단한 믿음은 내가 나아갈 방향을 더욱 선명하게 보여주었다. 그래서 오랜 망설임 끝에 그 방향으

그래서 나는 믿어보기로 했다.

불안한 미래이지만 앞으로도 계속 소설을 쓰겠다고. 어떻게든.

로 발을 내디딜 수 있었다. 내가 선택한 이 방향이 틀렸을 수도 있고, 어느 순간 넘지 못할 벽을 마주할 수도 있다. 그때마다 후회하고 좌절할 수도 있다. 하지만 깊고 단단한 믿음은 분명 그에 따른 충격과 낙차를 최소화해 줄 것이다. 그리고 그 모든 걸 감당하고 다시 시작할 수 있을 것이다. 나의 믿음은 내게 그런 힘을 줄 것이다.

이번에 수록된 여섯 편의 소설에는 내가 지난하게 통과한 의심과 불안의 시간이, 그리고 끝내 도달한 믿음의 순간이 고스란히 담겨있다. 전작들과 달리 다소 환상적이고, 다소 어둡기도 한 이야기를 통해 독자들에게 보여주고 싶었던 건 눈앞에 마주한 의심의 순간을, 하루하루 살아가는 이 세계를, 그리고 무엇보다 자기 자신을 깊고 단단하게 믿는 것이 과연 어떠한 의미가 있는지였다. 어떤 믿음은 끝내 좌절과 슬픔을 초래하기도 한다. 하지만 어떤 믿음은 분명 유효한 용기와 온기를 전해준다. 나의 믿음이 부디 나와 연결된 누군가에게, 그리고 이 세계에 작은 용기와 온기를 전할 수 있기를 희망한다. 이러한 나의 희망이 독자들에게도 진실하게 가닿는다면 더 바랄 게 없다.

∾

　계속 소설을 쓸 수 있다는 믿음을 갖게 된 건, 그리고 그 믿음을 바탕으로 새로운 선택을 할 수 있었던 건 진심 어린 지지와 신뢰를 보내준 많은 이들이 있었기에 가능했다. 한 명 한 명 열거할 수는 없지만 그들의 마음 모두 소중히 기억하고 간직하고 있다. 앞으로도 그 마음들이 모여 발하는 다정하고도 따스한 온기를 꼭 끌어안고 나를 지탱하며 소설을 써나가겠다.

작가의 말을 쓰고 나면 기분이 항상 말랑말랑해지곤 하는데요. 이 기분이 대체로 좋습니다.

21

새로운 사회관계

2024.06.20.

지난 주말, 수원에 있는 한 독립서점의 사장님이 결혼했다. 내 첫 책부터 인연을 맺어온 서점으로 사장님은 여러 방면으로 나에게 많은 도움을 주었다. 그래서 결혼식장이 가깝지는 않았지만(수원이었다), 기꺼이 참석해 축하해 주었다. 식장은 수많은 하객으로 붐볐는데, 그중에는 나 같은 독립출판 작가들이 꽤 많았다. 북페어 때나 한자리에 모일 수 있는 작가들과 인사를 나누며 결혼하는 사장님이 평소에 독립출판 분야에서 얼마나 활발히 활동하고 넓은 관계를 형성했는지 다시 한 번 확인할 수 있었다.

결혼식이나 장례식과 같은 경조사의 참석은 개인이 속한 사회관계로부터 영향을 받는다. 그런 면에서 이번 독립서점 사장님의 결혼식은 내게 조금 낯설게 느껴졌다. 지금까지 내가 참석했던 결혼식은 친인척을 제외하면 학교에서 만난 친구와 선후배, 그리고 회사 동료의 결혼식이 대부분이었다. 학교와 회사가 그동안 내가 형성한 주요 사회관계였으니 그럴 수밖에 없었다. 그런데 소설을 쓰고 책을 출간하기 시작하면서 독립출판과 관련된 사람들과의 관계가 나의 사회관계에 새롭게 포함되었다.

1인 출판사를 운영하며 책을 출간한 지 이제 4년차가 되었다. 길지 않은 시간이지만 적지 않은 동료 작가와 독립서점을 만나고 알게 되면서 새로운 관계가 형성되었다. 작년까지 이 관계는 어떻게 보면 그저 친목을 도모하고 소소한 도움을 주고받는 느슨한 관계였다. 하지만 이제 내게 소설을 쓰고 출간하는 것은 어엿한 직업이 되었고, 그에 맞춰 관계의 성격도 변해야만 한다. 지금까지와 다른 긴밀하고 때론 전략적인 비즈니스 관계가 요구되며, 다양한 분야로 관계의 확장이 필요할

지도 모른다. 분명 앞으로 내가 가장 중요하게 여겨야
할 관계이다.

타고난 성격이 워낙 소극적이고 내성적이라 사람
들과 적극적으로 교류하며 사회관계를 확장하는 건 내
게 그리 쉬운 일이 아니다. 하지만 일을 효율적으로 수
행하고, 이를 통해 경제적 이득을 얻기 위해선 반드시
해내야만 하는 일이다. 타고난 성격을 개조해서라도 말
이다. 이제는 회사에 속해있지도 않고 혈혈단신 혼자
일하는 처지니 나에게 도움이 될 수 있는 관계의 형성
은 어찌 보면 선택이 아닌 필수다.

아직 많이 부족하지만 그래도 다행히 요즘 그러한
관계를 조금씩, 그리고 천천히 만들어 나가고 있다. 노
력의 결과인 적도 있었고, 예상치 못한 행운이 작용한
적도 있었다. 최근 내가 사는 지역의 문화재단이 공모
한 공간지원사업에 선정되면서 문화재단과 인연을 맺
게 되었고, 후속 사업에도 참여할 기회가 열렸다. 또한
함께 선정된 영상, 회화, 연극 등 다른 분야 예술가와의
교류 기회도 얻게 되었다. 이렇게 형성된 새로운 관계

가 앞으로 나에게 도움이 될 수 있도록 잘 유지하고 발전시켜야 하겠다.

❧

소설은 혼자 쓰지만 소설의 소재와 영감은 혼자 책상 앞에만 앉아서 고민한다고 얻어지진 않는다. 다양한 경험을 해야 하고, 동료 작가들을 포함해 여러 사람과 어울려봐야 한다. 책 제작과 출간도 얼핏 혼자 하는 것처럼 보이지만, 실제로는 많은 사람의 도움이 필요하고 나와 맞는 협력업체도 필요하다. 결국 더 좋은 소설을 쓰고, 더 멋진 책을 만들고, 더 많은 독자에게 다가가기 위해선 그에 걸맞은 사회관계를 형성하고 보유해야만 한다.

전업 작가로 살아가기 위해 난 지금까지 나에게 여러 숙제를 내줬다. 체력 키우기, 인내심 기르기, 설명 잘하기 등등. 그리고 여기에 새로운 사회관계 만들기도 새롭게 추가되었다. 어쩌면 다른 어떤 것보다 심혈을 기울여 잘 해내야만 하는 숙제일지도 모르겠다. 숙제를

결국 더 좋은 소설을 쓰고,
더 멋진 책을 만들고,
더 많은 독자에게 다가가기 위해선
그에 걸맞은 사회관계를 형성하고 보유해야만 한다.

너무 많이 내준 것 같아 부담도 되지만 다행히 시간은 충분하다. 지레 겁먹고 포기하지 말고 차근차근 풀어나가 보자.

22

작가의 목표

2024.07.04.

일반적으로 회사에서는 업무의 목표를 설정하고, 그 목표를 달성하기 위해 시간과 노력을 투입한다. 회사에 다닐 때 나에게 주어진 주요한 목표는 크게 두 가지였다. 프로젝트 수주(공모 당선), 그리고 수주한 프로젝트의 성공적인 진행 및 마무리. 이를 위해 제안서를 쓰고, 수차례 협의를 하고, 보고자료를 작성했다. 목표가 있었기에 업무의 방향과 성과가 결정될 수 있었다.

그렇다면 작가가 하는 업무(이 표현이 적정한지는 잘 모르겠다)의 목표는 무엇일까? 글 쓰는 것? 이건 당연히 해야 하는 일이므로 목표라 할 수 없을 것 같다. 글쓰기라는 수단을 통해 성취해야 하는 목표는 작가의 수만큼이나 다양하겠지만, 제일 우선되어야 하는 건 아마도 작품 발표 아닐까. 하고 싶은 이야기를 충분한 시간을 들여 사유한 뒤 이를 문장으로 세심하게 표현하고 다듬어 완성한 한 편의 글 또는 한 권의 책을 독자에게 선보이는 것이야말로 작가가 하는 업무의 가장 근본적이면서도 중요한 목표라는 생각이 든다.

전업 작가를 시작하면서 올해 두 종의 책 발표를 목표로 잡았다. 상반기에 단편소설집, 그리고 하반기에 경장편소설. 주위에서 두 권이나 내는 건 무리 아니냐고 우려했지만 글쓰기를 직업으로 선택한 첫해부터 여유를 부리고 싶지 않았고, 그래서 굳게 마음먹고 나를 가혹하게 채찍질해야만 하는 목표를 설정했다. 이루기 어려운 목표여야 달성하기 위해 더 노력할 테니까. 글을 더 부지런히 쓸 테니까. 그래야 사람들이 얘가 전업 작가 한다더니 그래도 생각 없이 놀고 있지는 않았구나, 라고 생각할 테니까.

　　그렇게 목표를 향해 꾸역꾸역 다가간 결과, 지난달 말에 나의 네 번째 단편소설집이 출간되어 가까스로 상반기 목표를 달성했다. 중간에 지치고, 느려지고, 그래서 출간을 연기할까, 하는 생각이 들기도 했지만, 그때마다 목표라는 놈이 정신이 번쩍 들도록 나의 귀싸대기를 후리고 멱살을 잡아 여기까지 끌고 와 줬다. 내가 정한 목표이긴 하지만 나를 정신 차리게 하고 움직이게 해 줘서 고마운 마음이 든다.

　　"목표를 달성한 지금 기분은 어떤가요?"라는―별로 궁금하지 않을지도 모를―질문을 스스로 해 본다. 곰곰이 생각한 끝에 내가 할 수 있는 대답은 "글쎄요, 그냥 담담하고 왠지 모르게 헛헛하네요" 정도이다. 내 대답이 의아할 수도 있지만 솔직한 심정이 그렇다. 물론 해냈다는 뿌듯한 기분도 있다. 하지만 그보다는 그저 해야 할 일을 어떻게든 끝냈다는 느낌, 부담스러웠던 일을 처리해 버렸다는 느낌이 더 크다. 그리고 보면 회사에서 일할 때도 프로젝트의 최종보고를 마치면 성취감보다는 왠지 모를 허탈함과 허전함이 더 컸다. 그래서였나. 목표를 달성하고 나면 그렇게 술을 진탕 마셨다.

아무래도 지금 나에게 글을 쓰고 책을 내는 행위는 이미 일이 되어버렸다. 부정적인 의미로 하는 말은 아니다. 좋아하는 걸 일로 하고 있으니 소위 '덕업일치'의 삶이고, 이에 충분히 만족하고 있다. 다만, 전에는 소설을 쓰고 책을 만들어 발표하는 일이 마치 쿠키를 정성껏 구워 지인들에게 선물하는 일과 같았다. 즐거움과 기대감, 설렘만으로 가득했다. 하지만 지금은 여기에 어떻게든 해내야 한다는 부담감과 절실함이 추가되었다. 목표에 어떻게든 도달해 다음 단계에 진입하고, 그렇게 계속 성장해야 한다는 생각이 내 머릿속에 어쩔 수 없이 크게 자리 잡고 있다.

물론 목표에만 너무 집착하고 매몰되어서는 안 된다. 매번 계획한 대로 목표를 달성하는 건 분명 굉장히 어려운 일이다. 목표를 위해 달리던 중 숨이 차올라 멈춰 서야만 할 수도 있고, 발을 헛디뎌 넘어질 수도 있다. 그렇게 예상치 못한 상황을 마주하게 되면 아마도 불안하고 초조할 것이다. 뒤처질까 봐, 다시 일어서지

그렇게 예상치 못한 상황을 마주하게 되면
아마도 불안하고 초조할 것이다.
뒤처질까 봐, 다시 일어서지 못할까 봐, 목표를 이루지 못할까 봐.
부디 바라는 건, 매번 냉정하게 내 멱살을 쥐고 다그치던 목표도
그때만큼은 가만히 내 옆에 앉아 기다려주었으면 좋겠다.
내가 다시 일어서서 나아갈 때까지.
어쨌든 우리는 함께 가야 하는 사이니까.

못할까 봐, 목표를 이루지 못할까 봐. 부디 바라는 건, 매번 냉정하게 내 멱살을 쥐고 다그치던 목표도 그때만큼은 가만히 내 옆에 앉아 기다려주었으면 좋겠다. 내가 다시 일어서서 나아갈 때까지. 어쨌든 우리는 함께 가야 하는 사이니까.

～

며칠 전 하반기가 시작되었고, 이제부터 난 하반기 목표를 달성하기 위해 또 힘을 내서 작가의 업무를 수행하려 한다. 나의 업무가 어떻게 진행될지, 어떤 일이 벌어질지는 알 수 없다. 목표를 제대로 이룰 수 있을지도 지금으로선 확신할 수 없다. 그저 믿어야 하는 건, 지금까지처럼 묵묵히 꾸준히 하다 보면 분명 어떻게든 목표에 다다를 수 있다는 것, 그뿐이다.

제가 매번 실패하는 목표들이 있습니다. 절주, 체중 감량, 꾸준한 운동 같은 것들이요. 공교롭게도 다 건강과 관련된 것들이군요. 흠.

23

경제적으로 이상적인
전업 작가의 삶

———————

2024.07.11.

작가는 어떻게 돈을 버는가? 여러 수단이 있겠지만 기본은 출판에 따른 수입, 바로 인세이다. 인세는 보통 출판 부수 총액의 일정 비율로 산정되는데, 작가 유명세에 따라 차이가 있지만 비율이 생각보다 크진 않다. 그래서 책이 몇만 부씩 판매되는 베스트셀러 작가가 아닌 이상 인세만으로 큰돈을 버는 건, 아니, 생계유지가 가능한 수준의 돈을 버는 건 쉽지 않다. 인세 외에 작가가 수익을 창출하는 방법은 원고 청탁으로 받는 원고료, 작품이나 글쓰기에 관한 강연 및 강의로 받는 비용 등이 있다. 다만 이런 기회는 모든 작가에게 해당하진 않으며, 이 역시 큰돈을 벌기는 어렵다.

그래도 앞서 언급한 방법은 그나마 작가로서의 본분인 글 쓰는 행위와 연관된 경제활동이다. 이러한 활동만으로 안정적인 생계를 유지하는 작가는, 적어도 내 예상에 그리 많지 않다. 아마도 대다수 작가는 자신이 정말로 원하는 일, 즉 글쓰기를 지속하기 위해 글쓰기와는 전혀 무관한 경제활동을 하고 있지 않을까 싶다. 그리고 그러한 활동에는 불안정한 파트타임 업무나 단순 육체노동도 분명 높은 비율을 차지할 것이다.

전업 작가를 선택하기 전 나는 내가 일하는 분야에서 10년 넘는 경력을 쌓아 나름 전문가로 인정을 받았고, 그에 맞춰 보수도 아쉽지 않게 받았다(물론 100% 만족했다고 말하기는 어렵지만). 경제적 기반이 확고했기에 소설을 쓰고 출판 활동을 하는 데 비용면에서 크게 부담은 없었다. 애써 발표한 책이 안 팔리면 아쉽기는 했지만, 수입이 발생하지 않는다고 그다지 안타까워하지는 않았다. 소설을 쓰고 출판하는 건 내 만족을 위해 하는 취미활동에 가까웠다.

그렇다면 전업 작가로 생활하고 있는 지금은 어떤가? 책 판매는 이제 나에게 가장 주요하고도 거의 유일한 수입원이 되었다. 그래서 이전처럼 책 판매 추이를 강 건너 불구경하듯 보며 마냥 한가로울 수 없다. 물론 지금 내 수준에서 몇만 부, 아니 몇천 부씩 팔리는 걸 기대하진 않는다. 자리를 잡고 안정되기까지 어느 정도 시간이 필요하다고 생각했고, 그래서 지금도 차분하게 기다리자고 계속 마음을 다잡는다. 하지만 저조한 책 판매를 보며 초조하고 불안한 건 어쩔 수 없다.

어쨌든 당장은 책 판매도 미미한 수준이고, 별도의 원고 청탁이나 강연 기회도 없다. 한마디로 수입이 거의 없는 상태다. 그래서 그동안 직장 생활을 하며 모아 놓았던 돈을 어쩔 수 없이 야금야금 까먹고 있다. 이런 상황에 걱정이 안 된다면 새빨간 거짓말이고, 이게 다 성공을 위한 투자라고 스스로 최면을 걸며 버텨나가고 있다. 만약 최면이 풀렸을 때 어떤 상황이 펼쳐질지는 알 수 없다(솔직히 알고 싶지도 않다).

그래도 최근엔 신작도 나오고 〈서울국제도서전〉에

참여하는 등 여러 이벤트가 겹치면서 어느 때보다 책 판매량이 많긴 했다. 특히 〈서울국제도서전〉은 행사 기간 5일 내내 엄청난 인파가 몰리면서(총방문객이 무려 15만 명 이상이었다고 한다) 이제껏 경험해 보지 못한 판매고를 올리기도 했다. 매달 이 정도씩만 판매되면 감사하겠다는 생각이 들 정도로. 하지만 그런 일은 적어도 당분간 일어나기 어렵다는 사실을 잘 알고 있다.

～

지속적이고 안정적인 수익 구조의 확보는 전업 작가의 삶에서 매우 중요하다. 그 구조는 책 판매든, 원고 작성이든, 강연이든, 아니면 그 외의 어떠한 것이든 한 가지 수단만으로 유지되기 어려우며, 여러 수단이 서로 연결되어 작동해야만 한다. 내가 만약 이러한 수익 구조를 만들지 못한다면, 난 소설을 쓰기 위해(그리고 먹고살기 위해) 파트타임 업무나 단순한 육체노동 같은 글쓰기와 무관한 다른 일을 해야만 한다. 물론 그렇게 해도 소설을 쓸 수는 있고, 실제로 그렇게 활동하면서 멋진 소설을 쓰는 작가들도 여럿 보았다.

하지만 전업 작가를 시작한 지 얼마 안 된 난 아직 이상을 좇고 싶은 게 솔직한 심정이어서 오로지 글쓰기와 관련된 활동으로만 가득한 삶을 희망한다. 소설을 써서 책으로 발표하고, 주기적으로 청탁 원고를 쓰고, 가끔 강연이나 강의를 하는 삶을. 물론 이러한 삶이 절대로 쉽게 이루어질 리 없다는 것을 잘 알고 있다. 치열한 노력과 인내, 어느 정도의 행운, 그리고 무엇보다 실력이 뒷받침되어야만 한다.

결국 경제적으로 이상적인 전업 작가의 삶을 위해 난 더 부지런히 쓰고, 적극적으로 나를 알리고, 내게 다가오는 기회를 의심 없이 움켜쥐어야 한다. 이미 너무 잘 알고 있는 것들이다. 그저 실천만 잘하면 된다.

출판사가 운영되려면 1년에 30종 정도는 출간해야 한다는 얘기를 들은 적 있습니다. 물론 저 같은 1인 출판사 얘기는 아니겠지만, 그래도 듣고 나니 괜히 심란해졌습니다.

결국 경제적으로 이상적인 전업 작가의 삶을 위해
난 더 부지런히 쓰고,
적극적으로 나를 알리고,
내게 다가오는 기회를 의심 없이 움켜쥐어어야 한다.

24

소설의 영감

2024.07.18.

며칠 전 북토크 행사에서 소설을 쓸 때 주로 어디서 영감을 얻느냐는 질문을 받았다. 내가 처음 소설을 썼던 2020년에 매주 한 편씩 짧은 소설을 썼다고 하니, 어디서 어떻게 영감을 받길래 그렇게 빠른 속도로 소설을 쓸 수 있냐는 취지였다. 난 잠시 생각하다 이렇게 답했다. 그때 당시 내가 매일 보고, 듣고, 겪고, 느낀 모든 것들에서 영감을 얻으려 했다고.

매일 보는 도시의 풍경, 자주 방문하는 카페나 술집의 분위기, 업무든 개인적으로든 만났던 사람과의 시시콜콜한 대화, 짬짬이 읽었던 소설 속 인상 깊었던 문장, 출퇴근길에 들었던 음악까지. 난 그 모든 순간순간 떠오른 다양한 모양과 크기와 색채의 영감을 하나하나 조각으로 만들어 머릿속 글쓰기 서랍에 카테고리별로 보관했다. 그리고 매주 소설을 쓸 때마다 서랍을 열고 적당한 조각을 꺼내 썼다. 하나의 조각만으로 소설이 되었던 적도 있지만, 서로 관련 없어 보이는 여러 조각이 이리저리 연결되고 뒤섞여 한 편의 소설이 되는 경우가 더 많았다. 마치 서로 다른 크기와 색채의 다양한 조각이 모여 완성되는 커다란 모자이크 그림처럼.

내 소설 중 이렇게 쓰인 몇 편을 예로 들어보자. 「여름밤의 꿈」은 LP바에서 우연히 만난 두 남녀의 대화가 주요 서사를 이루는 소설이다. 배경이 되는 장소는 내가 종종 가는 단골 LP바를 참고했다. 전체적인 모습과 분위기가 마음에 들어 언젠가 한 번은 꼭 소설에 배경으로 사용해 보자고 벼르고 있었는데, 어느 날 방문한 LP바에서 혼자 앉아 맥주를 마시는 여성을 보았다. 그리고 그 순간 영감이 떠올라 이야기를 구상해 나갔다. 소설 속 여성은 소설가를 꿈꾸며 퇴근 후 LP바에

하나의 조각만으로 소설이 되었던 적도 있지만,
서로 관련 없어 보이는 여러 조각이 이리저리 연결되고 뒤섞여
한 편의 소설이 되는 경우가 더 많았다.
마치 서로 다른 크기와 색채의 다양한 조각이 모여 완성되는
커다란 모자이크 그림처럼.

서 조금씩 소설을 쓰는 인물로 나오는데, 실제로 LP바에서 목격한 분은 무엇을 쓰고 있진 않았다. 아마도 당시 내가 일을 하며 소설을 썼기 때문에 그러한 나의 모습이 투영되었던 것 같다. 소설의 제목이자 주요 소재로 등장하는 노래인 김현식의 〈여름밤의 꿈〉은 이전에 LP바에서 처음 들었던 노래였다. 멜로디와 가사가 인상적이어서 기억하고 있었는데, 이 소설에서 주인공의 안타까운 사랑 이야기를 부각하기 위한 소재로 적당하다고 생각되어 사용하였다.

「I wish your love and peace」는 직장 동료와의 대화 중 영감을 받아 썼던 소설이다. 우리는 한여름의 매미 소리가 울창한 거리를 걸으며 이런저런 대화(대부분은 일하기 싫다는 내용)를 나누었는데, 동료는 자신의 중학교 시절 여름날의 추억을 들려주었다. 친구들과 학교 수돗가에서 물장난하고, 여름방학에 수영장을 함께 갔던 추억을 말하며 아무 걱정도 없던 그 시절이 제일 좋았다고 했다. 동료의 이야기는 나에게 꽤 인상적이었다. 그래서 그 이야기에 당시 내가 자주 가던 을지로 골목의 풍경, 평소 생각하던 직장 생활의 어려움 등을 덧붙여 한 편의 소설로 만들었다. 그리고 소설의 분위기에 맞춰 평소 즐겨 듣는 노래(페퍼톤스의 〈love and peace〉)를 소재로 넣었고, 그 노래의 가사가 제목이 되었다.

「멋진 하루」도 지인에게 들은 얘기에서 탄생한 소설이다. 그녀는 내게 동아리 선배가 곧 결혼하는데 동아리 동기인 전 남자 친구도 결혼식에 분명 올 것 같아 결혼식에 가는 게 망설여진다는—그리고 짜증 난다는—얘기를 했다. 난 만약 그녀가 결혼식을 간다면 어떻게 될까 상상해 보았고, 꽤 흥미로운 이야기가 떠올랐다. 그래서 머릿속 서랍에서 이런저런 조각들(높은 굽의 구두를 오랜만에 신고 힘들어하던 아내의 모습, 지하철역에서 한 할머니를 도와주고 초콜릿을 받았던 기억, 봄날의 서울숲 풍경)을 꺼내 이리저리 조합하고 다듬으며 소설을 써나갔다. 결국 결혼식에 참석은 했지만 타인의 눈치를 신경 쓰며 전전긍긍하던 인물이 어처구니없는 해프닝을 겪은 후 자신의 삶을 주체적이고 당당하게 즐기기로 결심하는 이야기가 완성되었다. 소설로 쓰기 전에 영감을 준 지인에게 소재로 사용해도 되는

지 허락은 받지 않았는데, 소설이 발표된 후 그녀는 별다른 이의나 불만을 제기하지는 않았다(어쩌면 아직 안 읽었을 수도).

⌁

최근에는(아마도 작년부터) 하나의 테마를 정한 뒤 그에 맞춰 여러 편의 소설을 쓰고 있다. 그러다 보니 사전 준비 작업도 많이 하고, 전체적인 틀을 어느 정도 잡아 놓고 본격적으로 쓰기 시작한다. 전처럼 순간적이고 즉흥적인 영감으로 소설을 시작하는 경우는 드물어졌다. 그래서 가끔 그립다. 일상의 소소하면서도 반짝이는 순간에서 영감을 받아 짧은 호흡으로 소설을 썼던 경험이. 물론 그런 소설은 서사보다는 분위기와 이미지에 다소 치우치기도 했지만, 그렇게 소설을 쓸 때만 느낄 수 있는 재미가 분명 있었다. 제대로 차려 먹는 일품요리도 좋지만, 가끔은 간단하게 끓여 먹는 라면이 그 어떤 요리보다 맛있기도 한 법이다.

올해는 이미 정해 놓은 목표가 있어 짧은 호흡으로

소설을 쓰기는 어렵고, 내년에 적당한 시기가 되었을 때 다시 일상의 순간을 소재로 한 길지 않은 소설을 매주 한 편씩 써보려 한다. 그러기 위해 지금부터 다시 부지런히 영감의 조각들을 모아 서랍에 차곡차곡 채워놓아야겠다. 겨울을 대비해 도토리를 가득 모아놓는 다람쥐처럼 말이다.

제가 2020년에 짧은 소설을 30여편 썼는데, 어떻게 그럴 수 있었는지 지금도 놀라울 따름입니다. (지금 그렇게 하라면……, 글쎄요…….)

25

엄마의 걱정

———————

2024.07.25.

"아이고, 지랄하고 있어."

내가 직장을 그만두고 전업 작가의 길을 선택했다고 말했을 때, 엄마가 처음으로 내뱉은 말이다. 문장으로만 보면 화가 났거나 혼을 내는 것처럼 느껴질 수도 있다. 하지만 당시 엄마는 화를 내지도 않았고, 그렇다고 나를 혼내지도 않았다. 아마도 전혀 예상 못 했던 갑작스러운 아들의 선언에 그저 놀라고 어처구니가 없었을 거다. 그래서 자신도 모르게 순간적으로 과격한 어휘가 튀어나오지 않았을까. 이러한 엄마의 반응에 난 그다지 당황하거나 놀라지 않았다. 사실, 전날 아내와 함께 과연 엄마가 어떤 반응을 보일지 추측하는 과정에서 내가 아는 엄마는 이러한 반응을 보일 거라고 예상했고, 실제로 예상과 다르지 않자 나와 아내는 엄마의 반응에 웃을 수밖에 없었다. 해맑게 웃는 우리의 반응에 엄마는 더 어처구니가 없었을 것이다. 얘네가 지금 제정신인가.

이후 엄마의 걱정과 의심, 그리고 설득이 이어졌다. 그러한 흐름을 이미 충분히 예상했던 난 자신과 확신, 그리고 고집으로 응수했다. 엄마가 뭐라고 하던 난 나의 결심을 무를 생각 따위 전혀 없었다. 그래서 엄마를 만나기 전부터 이미 단단히 마음먹고 대비한 상태였다. 양측이 팽팽한 평행선을 달리며 논쟁이 길어지겠다고 생각한 순간, 뜻밖에도 엄마는—그리고 옆에서 조용히 별말 없으시던 아버지도—이렇게 말했다.

"그럼 너 하고 싶은 대로 해 봐."

엄마의 말투는 "네 멋대로 한 번 살아봐", 또는 "네가 얼마나 버티나 보자"라는 무시하거나 비꼬는 말투가 아니었다. 그보단 약간 체념에 가까운, 아마도 다 큰

아들이 제 하고 싶은 거 하겠다는데 어쩌겠냐는 심정에 가까웠을 거다. 어쨌든 예상보다 쉽게 수긍한 부모님의 모습에 조금 의아하기도 했지만, 생각보다 수월하게 넘어가 왠지 모를 뿌듯한 기분이 들기도 했다.

하지만 엄마는—어쩔 수 없이—원하는 삶을 살아가는 아들의 모습을 그저 마음 편하게 지켜보지 못했다. 만날 때마다, 그리고 통화 할 때마다 내가 어떻게 지내는지, 무엇을 하는지 물어보며 걱정부터 앞선다. 내가 집에서 작업한다고 하니 매일 집에만 있으면 답답하지 않냐고 걱정하시고, 카페나 도서관에서 작업한다고 하니 그런 곳에서 작업이 잘 되냐고 걱정하신다. 요즘엔 3개월 동안 작업공간을 지원받아 그곳을 사용한다고 하니 고작 3개월로 뭘 하냐며 걱정하신다. 북페어에 참여했다고 하면 몸이 힘들지 않냐고 걱정하시고, 신작이 나왔다고 하니 잘 팔리냐고 걱정하신다. 엄마는 내가 마음대로 쓸 수 있는 개인 작업실을 구하고, 신작이 날개 돋친 듯 팔려도 분명 걱정을 멈추지 않을 것이다. 하다못해 이렇게 걱정하지 않을까. 밥은 잘 챙겨 먹고 다니니?

입장을 바꿔 생각해 보면 엄마의 그런 걱정이 충분히 이해된다. 결혼해서 가정까지 꾸린 마흔 살 넘은 아들이 10년 가까이 잘 다니던 직장을 갑자기 때려치우고 수입도 불안정한 길을 들어섰으니 당연히 마음이 편할 리 없다. 박사과정까지 고생하며 공부한 전공과는 전혀 무관한, 과연 재능이 있는지 없는지 알 수 없는 소설 쓰기에 도전한 아들이 걱정이 안 되려야 안 될 수가 없다. 엄마가 겉으로 드러낸 건 속에 품고 있는 불안과 걱정의 10분의 1, 아니 100분의 1도 안 될 것이다. 대부분 내색도 하지 못하고 속으로 전전긍긍하며 까맣게 속을 태우고 있을 게 분명하다.

내 나이 또래면 어느 정도 자기 위치를 확고히 잡고 안정을 추구하기 시작한다. 불확실한 변화와 도전은 웬만하면 피하고, 설령 자기 삶에서 마음에 들지 않는 부분이 있다고 하더라도 그저 체념하고 사는 게 자신과 주변 사람이 편해지는 방법이라고 생각한다. 그에 비해 난 분명 남들과는 다른 길을 가고 있고, 그 행보가 가족들에게 걱정과 불안을 주고 있다. 애써 부정하려 해도 엄연한 사실이고, 그래서 미안한 마음도 있다.

그러므로 난 흔들리는 마음을 다잡고 내 선택을 끝까지 믿으며 최선을 다해 원했던 목표를 이루어야 한다. 그건 나 자신을 위해서이기도 하지만 근심과 걱정에도 진심으로 나를 믿어주고 기도해 주는 가족들, 엄마를 위한 것이기도 하다. 아들을 바라보는 노모의 표정에 숨겨지지 않는 염려의 빛이 계속해서 어른거리는 건 원치 않는다. 나를 마주할 때 걱정이 아닌 기뻐하고 대견스러워하는 표정만이 얼굴에 가득하길 바란다. 그때가 부디 너무 멀지 않기를 희망한다.

엄마는 자식이 잘해도 걱정, 못해도 걱정이라죠. 그래서 저를 향한 엄마의 걱정을 쿨하게 넘기려 하지만, 그게 또 말처럼 쉽지는 않네요.

그러므로 난 흔들리는 마음을 다잡고 내 선택을 끝까지 믿으며
최선을 다해 원했던 목표를 이루어야 한다.
그건 나 자신을 위해서이기도 하지만
근심과 걱정에도 진심으로 나를 믿어주고 기도해 주는 가족들,
엄마를 위한 것이기도 하다.

여름에서 _______________ 가을

8월부터 10월까지

그저 해야 할 일을 해나갈 뿐

26

예술가의 태도

———————

2024.08.01.

예술가는 어떤 사람인가? 쉽게 말하면 '예술'을 직업으로 하는 사람이 '예술가'일 텐데, 그렇다면 '예술'이란 과연 무엇인가가 궁금해진다. 표준국어대사전에는 '예술'을 다음과 같이 정의하고 있다.

1. 기예와 학술을 아울러 이르는 말
2. 특별한 재료, 기교, 양식 따위로 감상의 대상이 되는 아름다움을 표현하려는 인간의 활동 및 그 작품
3. 아름답고 높은 경지에 이른 숙련된 기술을 비유적으로 이르는 말

이 중 '예술가'의 '예술'에 해당하는 의미는 아마도 2번일 것이다. 그러므로 '예술가'란 '특별한 재료, 기교, 양식 따위로 감상의 대상이 되는 아름다움을 표현하는 작품을 창작하거나 표현하는 것을 직업으로 하는 사람'이라고 할 수 있다.

며칠 전 지역 예술가들과 함께하는 기회가 있었다. 지역 문화재단의 지원으로 작업실을 사용하게 되면서 문화재단과 인연을 맺게 되었는데, 문화재단이 추진하는 여러 프로젝트 중 하나가 지역 예술가들의 네트워크 형성이었다. 그래서 한 달에 한 번 예술가들이 만나 자유롭게 교류하는 모임이 추진됐고, 네트워크에 나도 포함이 되어서 모임에 참석하게 되었다. 영광이고 감사했지만, 내가 과연 예술가라는 타이틀로 함께 해도 괜찮을까 살짝 걱정되기도 했다.

모임에는 영화감독, 배우, 무용가, 연주자, 설치미술가 등이 참석했고, 거기에 작가인 나도 함께했다. 내가 이런 사람들과 한자리에 있다는 게 신기했고, 어쩐지 조금 민망하기도 했다. 한 시간가량 계획된 프로그램을 소화한 뒤 모임은 식당으로 자리를 옮겨 계속 이어졌다. 술과 음식이 나오고 술잔이 오가며 서로 조금은 낯설고 서먹했던 분위기가 언제 그랬냐는 듯 왁자지껄 편안해졌다. 있어서는 안 될 자리에 있는 듯 어색해하고 불편해하던 나도 다행히 분위기에 차츰 적응해 여러 예술가와 술잔을 기울이며 이야기를 나눴다.

그렇게 예술가들과 함께 시간을 보내면서 난 그들의 분위기나 태도가 어딘지 모르게 나와는 다르다는 느낌을 받았는데, 단지 활동하는 분야가 달라서 그런 건 아니었다. 뭐라고 구체적으로 설명할 수 없는, 모호한 차이였다. 그러다 시간이 조금 더 흘렀을 때, 그 차이가 어디에서 기인하는지 어렴풋이 알게 되었다.

그들은 누구보다 선명하고 강한 자아를 가지고 있었다. 자신의 분야와 실력에 대한 확고한 애정과 열정, 자부심, 그리고 자신감을 거침없이 표현했다. 실력과 성취의 수준을 떠나 그들의 그러한 태도가 예술가로서 매력과 분위기(아우라, aura)를 형성한다는 생각이 들었고, 그 점이 아마도 나와 차이를 만드는 부분이 아닌가 싶었다.

사실 난 아직 스스로 예술가라고 생각해 본 적도 없고, 어디 가서 그렇게 소개해 본 적도 없다. 앞서 언급한 예술가의 정의에 따르면 나를 예술가라 칭해도 딱히 문제는 없어 보인다. 하지만 난 아직 자신감은 없다. 모든 면에서 내 실력이 너무나 부족하다고 느낀다. 작가의 삶을 사랑하고 애정과 열정을 다해 글을 쓴다는 것을 의심하진 않지만, 동시에 내가 창조한 작품이 한없이 부끄럽기도 하다. 더 자신 있게, 더 당당하게 나와 나의 작품을 내세우고 알려야 하는데 성격 때문인지 그게 말처럼 쉽지 않다. 작가로서, 예술가로서 자부심과 자신감은 분명 아직 많이 부족하다.

물론 자부심과 자신감을 갖는 게 예술가로서 가장 필요하고 중요한 건 아닐 수도 있다. 딱히 그런 걸 내세우지 않더라도 예술을 하는 과정과 결과물만으로 외부에서 예술가라고 인정받는 것이 오히려 더 중요하고 멋진 걸지도 모른다. 하지만 스스로 가지는 자부심과 자신감은 자신을 더 꼿꼿하고 단단하게 만들어준다. 그래서 목적지가 보이지 않는 낯선 길을 걸어갈 때도, 온 힘을 다한 결과물이 기대만큼 인정을 못 받았을 때도 불안해하거나 흔들리지 않고 굳게 버틸 수 있게 해 준다. 만약 쓰러진다 해도 다시 일어나 나아가게 해 준다. 자부심과 자신감은 그래서 중요하다.

그날 밤 함께 했던 예술가들에게선 분명 그러한 자부심과 자신감이 느껴졌다. 그들의 현재 상황이 어떤지, 그들이 어떠한 예술 활동을 하는지 자세히 알지는 못하지만, 적어도 내가 보기엔 그들은 분명 미래를 두려워하지 않았다. 당당했고, 확신이 넘쳤다. 그래서 그들이 멋있어 보였고, 그들이 예술가라는 것에 의심 없이 고개를 끄덕일 수 있었다. 그들에 비하면 난 아직 너무도 평범한 일반인에 가깝다.

～

나에게 예술가라는 호칭이 꼭 필요한지는 잘 모르겠다. 하지만 작가로서 자부심과 자신감은 나에게도 필요하다. 그러기 위해 무엇보다 누구에게나 인정받을 수

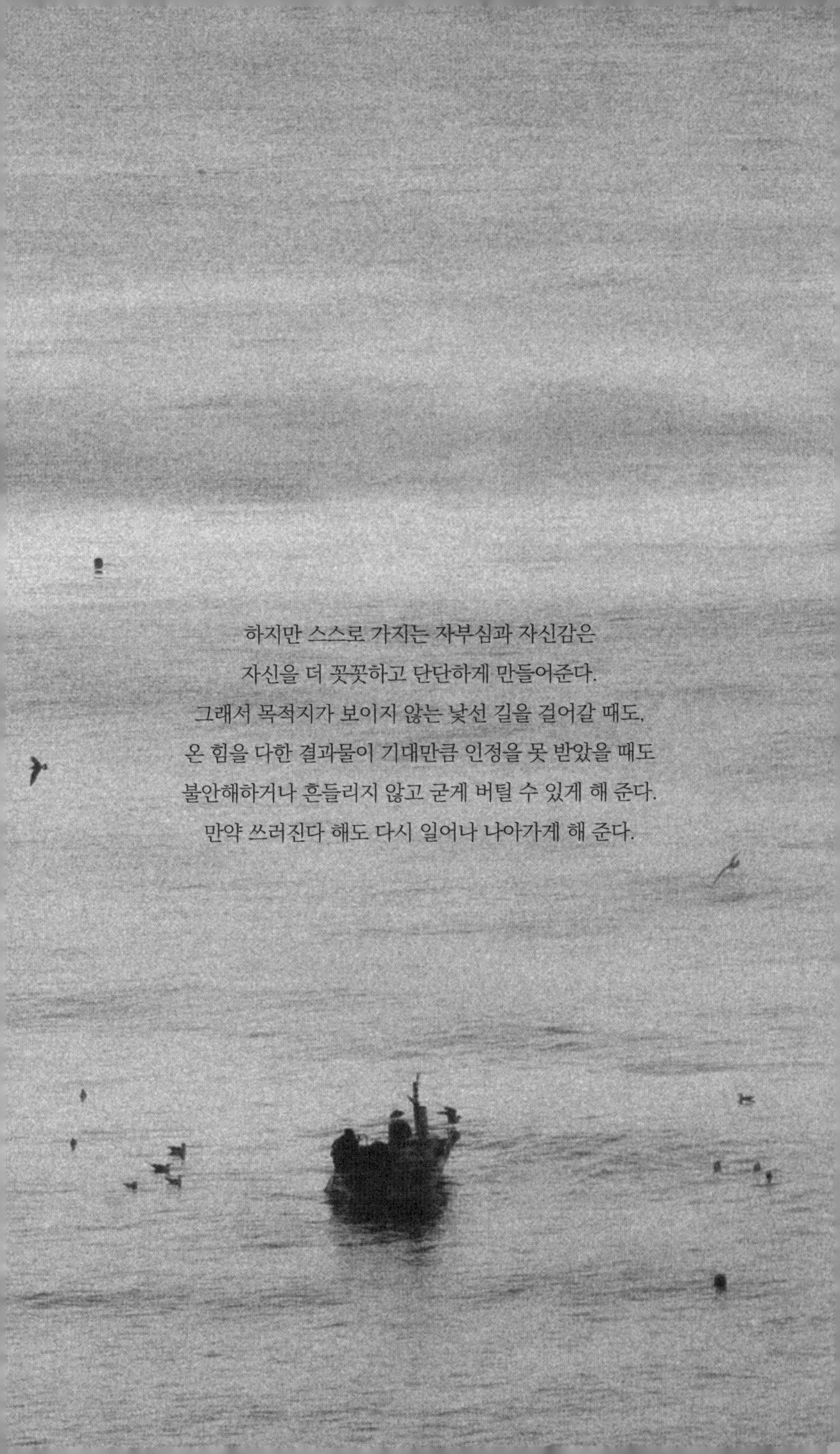

하지만 스스로 가지는 자부심과 자신감은
자신을 더 꼿꼿하고 단단하게 만들어준다.
그래서 목적지가 보이지 않는 낯선 길을 걸어갈 때도,
온 힘을 다한 결과물이 기대만큼 인정을 못 받았을 때도
불안해하거나 흔들리지 않고 굳게 버틸 수 있게 해 준다.
만약 쓰러진다 해도 다시 일어나 나아가게 해 준다.

있는 작품 활동이 선행되어야 한다. 더 성장하고, 더 정
진해야만 한다. 내가 갖게 될 자부심과 자신감이 허울
뿐이지 않도록, 그리고 민망하지 않도록.

괜히 그렇게 느낀 걸까요. 예술가들은 다들 술을 좋아하고, 잘 마시더군
요. 그런데 예술가는 왠지 그래야만 할 것 같기도 하고요.

27

평온한 하루

2024.08.08.

회사에 다니던 시절, 업무에 한참 치이고 시달리던 때가 있었다. 이직한 지 얼마 안 되었을 때였다. 내가 맡은 프로젝트의 클라이언트로부터 매일 같이 업무 지시가 이어졌고, 아직 일이 능숙하지 못했던 난 그들의 요구를 제대로 처리하지 못해 매일 늦게까지 야근을 반복하며 극도로 스트레스를 받곤 했다. 얼마나 스트레스를 받았냐면 야근을 하면서 내 책상 옆의 창문을 열고 8층 아래로 뛰어내려 그대로 삶을 마치는 상상을 몇 번이나 했을 정도였다. 다행히 상상으로 끝나긴 했지만, 그 정도로 마음이 지치고 황폐했던 시기였다.

당시 난 아무 일도 일어나지 않는 하루를 꿈꿨다. 아무도 만날 일이 없고, 아무런 연락도 없고, 누구도 나에게 뭔가를 요구하지 않는 하루. 그저 지루할 정도로 가만히 자리에 앉아 고요함 속에서 시간을 흘려보내다 보면 어느 순간 지워지는 하루. 그러한 하루하루가 이어져 한 주가 지나가고, 한 달이 지나갔으면 좋겠다고 생각했다. 불가능하다는 걸 잘 알기에 더 간절했다.

오래전 이야기를 꺼낸 이유는 그때 그렇게 원했던 하루하루가 최근 나의 일상이 된 듯해서이다. 요즘 나의 평일은 매일 작업실에 가고, 가끔 체육관에 가는 것 외에는 별다른 일정이 없다. 저녁엔 보통 식사 후 집에 머무르며 커다란 빈백에 몸을 깊게 파묻고 책을 읽거나 스마트폰을 보면서 시간을 보낸다. 근래엔 나에게 만나자고 하는 사람도, 전화나 문자를 하는 사람도, 무언가를 요구하거나 부탁하는 사람도 거의 없다시피 하다. 굉장히 잔잔한, 그리고 평온한 하루가 반복되고 있다.

이러한 삶은 내가 한창 힘들었던 당시 꿈꾸던 삶이고, 무엇보다 퇴사 후 전업 작가를 시작하면서 그렸던 이상적인 삶의 모습이기도 하다. 몸과 마음이 안온한 가운데 차분히 글쓰기에 매진하는 삶. 그토록 염원했던 상상이 현실이 되었으니 당연히 만족스럽고 행복해야 할 테다. 아닌 게 아니라 요즘 난 하루하루가 너무나 만족스럽고 행복하다. 거짓말이 아니다.

다만, 아주 가끔 나의 일상이 조금 적막하게 느껴지기도 한다. 마치 혼자서 바람이 불지 않는 깊은 숲속에 들어와 있는 느낌이랄까. 내 주변의 높게 솟은 나무는 미동도 없이 나를 완벽한 정적으로 둘러싸고, 표면에 작은 물결 하나 없이 잔잔한 연못은 바라보고 있으면 시간의 흐름을 무의미하게 만든다. 세상이란 거대한 바퀴는 요란한 소리를 내며 앞으로 부지런히 굴러가고 있는데 나만 우두커니 멈추어 서서 바퀴를 바라보고 있는 것처럼, 심지어 바퀴가 굴러가는 방향과 반대로 걸어가고 있는 건 아닌가 생각이 들기도 한다.

평온한 하루. 모든 것이 예상 가능한 범위 내에서 흘러가는 삶. 그 차분하고도 편안한 흐름에 나를 그대로 맡기면 될 텐데, 어리석은 난 눈을 가늘게 뜨고 희미

하고 불분명한 의심과 불안을 굳이 바라보며 주변을 두리번거리고 있다. 이토록 만족스럽고 행복한 하루하루에 온전히 집중하지 못한다. 그러다 보니 정작 내가 해야 할 일, 쓰는 행위에 소홀하게 된다. 사실 부끄럽게도 신간이 출간된 이후로 지금까지 새로운 소설은 한 글자도 시작하지 못했다. 벌써 두 달이 되어 가는데 말이다. 무언가를 쓰기에 최상의 환경이 마련되었는데도 아무것도 쓰지 못하다니, 정말 바보 같다.

～

　　영화 〈기생충〉_{봉준호 감독. 2017}에 이런 장면이 나온다. 기우의 집에 방문한 민혁이 집 앞에서 만난 인사불성의 취객에게 단호한 목소리로 이렇게 소리치는 장면. "정신 차려, 정신!" 영화의 맥락과 요즘 내 상태에는 전혀 연관이 없지만, 이 대사는 요즘 내가 나를 향해 자주 외치는 소리이다. 조용하고 조금은 따분하게 흘러가는 시간 속에서 괜히 불안해하며 이따금 집중력을 잃고 방향을 놓쳐버리는 나에게 하는 경고의 소리.

평온한 하루. 모든 것이 예상 가능한 범위 내에서 흘러가는 삶.
그 차분하고도 편안한 흐름에 나를 그대로 맡기면 될 텐데,
어리석은 난 눈을 가늘게 뜨고
희미하고 불분명한 의심과 불안을 굳이 바라보며
주변을 두리번거리고 있다.
이토록 만족스럽고 행복한 하루하루에 온전히 집중하지 못한다.

앞서 말한 것처럼 요즘 하루하루는 더없이 만족스럽다. 몸이 편하다고 말하는 게 더 정확한 표현일지도 모르겠다. 하지만 여러 번 경험해 보아서 안다. 이전에도 가끔 찾아온 이렇게 평온한 나날은 정신 놓고 가만히 있으면 어느새 저 멀리 지나가 있곤 했다. 번잡하고 감당하기 힘든 시간이 다시 찾아오곤 했다. 그러니 나에게 찾아온 이 소중한 시간을 더 귀하게 여기면서 나 자신에게, 내가 해야 할 일에 더 충실하고 집중해야만 한다. 불안과 의심에 현혹되지 말고 정신 차려야 한다.

비록 날씨는 끔찍이도 덥지만, 아무 일도 일어나지 않는 하루하루. 이 얼마나 글쓰기에 좋은 날들인가!

지인이 날 위해준다며 저 영화 대사를 나에게 외쳐줬는데, 듣고 있으니 묘하게 기분이 나쁘더라고요. 흠.

28

행운이 찾아오려면

2024.08.15.

매주 이만 원어치씩 로또를 산다. 1년이 52주니 1년에 총 로또 구입액은 백사만 원이다. 언제부터 이렇게 샀는지 정확히 기억나진 않지만 적어도 7, 8년 이상은 됐다. 물론 깜빡하거나 사정이 있어 못 산 적도 있지만 지금까지 로또를 사는데 소요된 총비용은 아마 팔백만 원을 훌쩍 넘었음이 분명하다. 이렇게 적지 않은 금액을 투자해 부지런히 로또를 샀지만 1등에 당첨된 적은 없다(당연한가?). 가끔 오천 원, 어쩌다 아주 가끔 오만 원에 당첨되었을 뿐이다. 로또 사는 금액을 적금에 꼬박꼬박 넣기만 했어도 지금쯤 이자로 치킨 열 마리는 사 먹을 수 있었을 텐데. 갑자기 속이 쓰리다.

로또복권을 관리하는 기획재정부 복권위원회에 따르면, 로또 1등 당첨 확률은 814만 5,060분의 1이라고 한다. 미국 국립번개안전연구원(이런 기관이 실제로 있다고 한다. 도대체 뭐하는 곳일까?)에 따르면 사람이 벼락 맞을 확률은 28만 분의 1이라고 한다. 이 두 통계(모두 2023년 기준)를 단순하게 비교해 보면 로또 1등에 당첨될 확률이 살면서 벼락 맞을 확률보다 약 29배 희박하다는 의미이고, 달리 말하면 살면서 벼락을 29번 정도는 맞아줘야 로또 1등에 한 번 당첨될 수 있다는 의미이기도 하다.

이렇게 말도 안 되는 확률에도 불구하고 난 매주 로또를 샀고, 이번 주도 물론 살 것이며, 아마 앞으로도—갑자기 죽지 않는 이상—계속 살 계획이다. 어차피 안 된다는 걸 알면서도 극도로 낮은 확률에 줄기차게 베팅하고 있다. 어쨌든 확률이 제로는 아니고(매주 1등이 나오니. 그것도 여러 명!), 로또를 사야지만 희박한 확률이나마 내게도 기회가 주어지기 때문이다. 벼락도

밖을 돌아다녀야 맞을 수 있듯, 로또 1등도 우선 로또를 사야지만 나에게 일어날 수 있는 일이 된다.

　책이 많이 판매되고 독자들에게 널리 읽히기 위해선 무엇보다 책의 내용과 만듦새의 완성도가 가장 중요하겠지만, 예상치 못한 행운도 큰 역할을 한다는 건 부정할 수 없는 사실이다. 출간 당시에는 별다른 주목을 받지 못하고 잊혔던 책이 우연한 계기로 유명해져 베스트셀러가 되는 경우를 종종 보게 된다. SNS에서 화제가 되거나, 인플루언서에 의해 소개되거나, 심지어 유명 연예인이 언급만 해 줘도(제대로 읽었는지는 중요하지 않다!) 그 책은 베스트셀러가 될 확률이 매우 높다. 미디어의 종류와 파급력이 막대해진 시대이기에 가능한 현상이다.

　당연하게도, 저러한 행운이 나에게도 일어나길 바란다. 사람들 사이에서 내 소설에 대한 입소문이 점점 퍼지다가 어느 순간 SNS에서 난리가 나고, 결국 수많은 매체에서 인플루언서와 연예인들이 내 소설을 추천하는 장면을 상상하기도 한다. 정말 말도 안 되는 꿈만 같은 상상이지만, 확률적으로만 보면 로또 1등 당첨보다는 실현 가능성이 더 있어 보인다(아닌가?).

하지만 앞서 말한 것처럼 로또도 사야지만 1등 당첨의 기회가 주어지듯, 아무것도 안 하고 가만히 있으면 이러한 상상도 현실이 될 리 만무하다. 고대 로마의 철학자 세네카는 이렇게 말했다고 한다. "행운은 준비와 기회가 만날 때 찾아온다." 나에게 이 말은 치열한 준비와 노력이 있어야지만 기회를 잡았을 때 적절하게 대처할 수 있고, 그럴 때 행운도 따른다는 의미로 읽힌다. 내가 꿈꾸고 기대하는 행운도 분명 그에 맞는 준비가 되었을 때 찾아오지 않을까?

어떤 준비를 해야 하는지는 솔직히 모른다. 하지만 적어도 매일 한숨이나 푹푹 쉬며 책이 왜 안 팔릴까 걱정하거나, 책상 앞에만 앉아 쓸데없이 포털사이트나 SNS를 뒤적이는 건 분명 행운이 찾아오기 위한 준비라고 할 수는 없다. 아무도 보지 않는 홍보물이지만 계속 올려야 하고, 아무도 찾지 않는 북페어라도 꾸준히 나가야 한다. 한 권이라도 더 팔기 위해서, 사람들에게 내

“행운은 준비와 기회가 만날 때 찾아온다.”
나에게 이 말은 치열한 준비와 노력이 있어야지만
기회를 잡았을 때 적절하게 대처할 수 있고,
그럴 때 행운도 따른다는 의미로 읽힌다.
내가 꿈꾸고 기대하는 행운도
분명 그에 맞는 준비가 되었을 때 찾아오지 않을까?

책을 조금이라도 더 알리기 위해서라면 무엇이라도 어떻게든 시도해 봐야 한다.

∾

로또 1등 당첨이라는 행운을 얻기 위해선 로또를 사서 기다리는 것 외에 할 수 있는 게 없겠지만, 책의 판매와 홍보는 그렇지 않다. 내가 준비하고 노력하는 만큼 성과와 행운이 따른다고 생각한다. 과연 그럴까, 라는 의심이 들 수도 있다. 하지만 어쩔 수 없다. 그럴 거라고 믿는 수밖에.

만약 로또 1등과 제 책이 베스트셀러가 되는 것 중 하나를 선택해야만 한다면, 전 주저 없이 베스트셀러를 선택하겠습니다. 진짜로요!

29

낮술 예찬

2024.08.22.

술을 좋아한다. 아니지. 좋은 사람과 함께 하는 술자리를 좋아한다, 고 말하는 게 더 정확한 표현이겠다. 때로는 시답잖은 이야기를, 때로는 속 깊은 이야기를 나누며 함께 즐기고 슬퍼하고 분노하고 체념할 때 주고받는 술잔에 말로 설명하기 어려운 놀라운 능력이 분명히 있다고 생각한다. 즐거움은 늘어나고, 슬픔은 줄어들고, 분노는 사그라들고, 체념은 용기로 바꿔주는 신비로운 능력. 물론 항상 그런 건 아니다. 아무런 감흥 없이 무료하게 술잔만 기울이다 끝나는 술자리도 분명 있다. 예를 들면, 업무차 갖게 되는 술자리—을의 입장에서 갑과 함께하는 술자리—같은 것.

　술자리가 기분 좋고 즐겁기 위해선 함께 하는 사람, 나누는 대화, 만나는 장소, 마시는 주종과 곁들이는 음식 등 여러 조건이 맞아야겠지만, 이런 조건과 상관없이 기본적으로 나의 기분이 좋아지는 술자리가 있다. 그건 바로 낮에 갖는 술자리, 바로 낮술을 하는 자리이다. 그것도 주말이나 휴일이 아닌 평일에 하는 낮술! 어둑어둑해지는 오후 늦은 시간보다 해가 중천에 떠 있을 때, 그래서 술을 마시고 밖으로 나왔을 때 "와, 아직 환하잖아!"라고 느끼는 기분이—대체로 상당히—좋다.

　낮에 갖는 술자리가 왜 좋을까 곰곰이 생각하다 보니 몇 가지 나름대로 그럴싸한 이유를 찾아냈다(누가 물어보거나 시킨 건 아니다). 우선, 베짱이 심보가 큰 것 같다. 평범한 직장인들에게 평일 낮은 좋든 싫든 업무를 해야 하는 시간이다. 그래서 술은 업무를 모두 마치고 저녁에 마시는 게 보통이다. 평일에 낮술을 한다는 건 이러한 평범한 일상에서 벗어난 특별한 경험이고, 쉽게 말해 남들 고생할 때 나는 편하게 쉰다는 느낌

어둑어둑해지는 오후 늦은 시간보다
해가 중천에 떠 있을 때,
그래서 술을 마시고 밖으로 나왔을 때
"와, 아직 환하잖아!"라고 느끼는
기분이—대체로 상당히—좋다.

을 극대화하는 경험이다. 마치 땡볕에서 개미가 열심히 일하고 있을 때 그늘에서 기타 줄을 퉁기며 노래를 흥얼거렸던 베짱이가 그랬던 것처럼(베짱이가 맞이한 최후는 우선 고려하지 말자).

또 다른 이유는, 낮 시간대가 주는 자기 조절의 느낌이다. 하루가 마무리될 때, 그리고 밤이 점점 깊어질 때 술을 마시면 아무래도 오늘은 이대로 끝났다고 생각하게 된다. 그러면 몸과 마음의 긴장이 풀어질 수밖에 없고, 그러면서 나도 모르게 취기에 몸을 맡겨 버리게 된다. 보통 이러다 인사불성 취하게 된다. 하지만 사방이 환한 대낮엔 남은 하루도 길고, 사람들의 시선도 많기 때문에 본능적으로 몸과 마음을 추스르고 정신을 다잡게 된다. 같은 양의 술을 마셔도 낮에 마시면 밤보다 덜 취하는 느낌인데, 아마도 이러한 이유 때문 아닐까 싶다.

낮술을 좋아하는 마지막 이유는, 이건 낮술이 낮술로만 끝나지 않는다는 전제가 필요한데, 낮에 시작하면 무엇보다 여유 있게 오래 술자리를 가질 수 있기 때문이다. 그러면서 좋아하는 사람들과 시간을 더 길게 보낼 수 있고, 앞서 말했던 신비로운 술자리의 효과를 보다 오래 체험할 수 있게 된다. 이런 이유라면 밤에 시작해도 늦게까지—쉽게 말해 새벽까지—술자리를 가지면 되는 거 아니냐고 반문할 수도 있다. 틀린 말은 아니다. 하지만 같은 시간이라도 낮부터 시작해 밤까지 마시는 것과 밤부터 시작해 새벽까지 마시는 건 분명 차이가 있다. 밤과 새벽 시간에는 아무래도 기분이 차분해지고 사고는 더욱 깊은 곳으로 침잠하게 된다. 이에 따라 대화의 주제도 무겁고 진지해질 소지가 다분해진다. 물론 이러한 분위기와 대화가 꼭 필요할 때도 있지만, 그래도 웬만하면 술자리에서는 편안하고 산뜻하고 유쾌한 분위기를 즐기고 싶다. 이러한 분위기는 보통 낮에 술을 마실 때 더 쉽게 형성되곤 한다.

～

전업 작가 생활을 시작하면서 전보다 평일 낮이 자유로워졌고, 낮술을 즐기기도 훨씬 쉬워졌다. 그래서 난 자연스레 원할 때마다 낮술을 즐기는 내 모습을 기대했다. 사람으로 북적이는 점심시간이 지난 후 한적해진 식당에서 좋아하는 지인들과 술잔을 기울이며 희희낙락하는 모습을 꿈꿨다. 하지만 실제로는 기대만큼 자주 낮술을 할 수가 없었다. 아무래도 지금까지 알고 지낸 사람들은 대부분 평일 낮에 일하는 사람들이고, 어쨌든 나도 아무리 자유롭다지만 작가이자 출판인으로서 낮에 마냥 놀고먹을 수만은 없었기 때문이다. 그래도 전업 작가 생활을 시작한 이후 몇 번의 낮술 자리를 가질 수 있었다. 당연히 좋았고 행복했다. 이게 프리랜서만이 누릴 수 있는 혜택이구나 싶었다.

기대보단 뜸하지만 어쨌든 일반 직장인이었던 시절에 비하면 그토록 좋아하는 낮술을 훨씬 더 쉽게 할 수 있으니 이 또한 얼마나 큰 행복인가 싶다. 비록 불안과 의심, 걱정의 끝없는 연속이 전업 작가 생활이지만, 가끔 갖는 이러한 행복의 순간이 있어 그래도 어떻게든 버텨나간다.

제가 제일 좋아하는 메뉴는 삼겹살에 소주인데요. 제 단골 고깃집은 낮에는 영업을 안 해 여기서 낮술을 할 수 없는 게 너무나 아쉽습니다.

30

내 책은 어디에 있을까?

———————

2024.08.29.

처음 독립출판으로 책을 출간한 시기가 2021년 1월. 당시 인쇄 부수는 50부였다. 인디고 인쇄(indigo printing) 방식의 소량 인쇄라 권당 단가는 거의 1만 원에 육박했다. 그렇게 인쇄한 책을 이 서점 저 서점에 하나둘 입고하다 보니 50부는 금방 소진되어 50부를 추가 인쇄했다. 다시 입고를 진행했고 그러다 부족해져서 또 50부, 얼마 뒤 또 50부, 이후부턴 100부씩. 이런 식으로 1년간 첫 책을 총 450부 인쇄했다. 2022년 두 번째 책을 출간할 땐 이러한 경험을 바탕으로 초기 인쇄 부수를 500부로 정했다. 오프셋 인쇄(offset printing) 방식을 통한 대량 인쇄라 비용이 첫 책 전체 (450부) 인쇄 비용의 절반도 되지 않았다. 두 번째 책과 함께 첫 번째 책도 디자인을 변경해 500부를 인쇄했다. 이렇게 2022년에 책 2종을 총 1,000부 인쇄했다. 2023년에 출간한 세 번째 책도 500부 인쇄했다. 그리고 전업 작가 생활을 시작한 2024년 상반기에는 이전보다 공격적으로 책을 인쇄했다. 재고가 거의 다 소진된 첫 번째와 두 번째 책의 개정판을 각 500부씩 총 1,000부, 그리고 6월에 발표된 네 번째 책은 인쇄 비용도 절감하고 도전한다는 차원에서 자그마치 1,000부를 인쇄했다.

이렇게 지금까지 총 누적 인쇄 부수는 약 4,000부 수준이다. 물론 이 정도 숫자는 일반적인 출판사 기준에선 놀랄 것도 없는, 어쩌면 하찮은 숫자일 수도 있다. 하지만 이제 독립출판 4년 차에 접어든 1인 출판사—그리고 출판사를 운영하는 대표—입장에선 조금씩이나마 꾸준히 성장하고 있다는 걸 방증하는 숫자이기에 너무나 뿌듯하고도 감격스러운 숫자이다.

며칠 전 책 재고를 파악해 보니 가장 최근에 인쇄한 네 번째 책을 제외하곤 바닥을 보이기 시작한 걸 알게 되었다. 그리고 문득 이런 궁금증이 들었다. 수백, 수천 권의 내 책은 도대체 어디에 있을까? 우선, 내 손을 떠났으나 판매가 안 된 책은 분명 입고된 서점 어딘가에 있을 것이다. 사람들 눈에 잘 띄는 진열대에 놓여있거나(굉장히 융숭한 대접을 받는 경우라 할 수 있다), 책장에 꽂혀있거나(아마도 대부분?), 아니면 보이지도 않는 구석에서 하루하루 먼지를 뒤집어쓰고 있을 것이다(불쌍한 내 책). 그렇다면 판매된 책은 어디에 있을까? 아마도 내 책을 선택한 독자의 공간 어딘가에 있을 확률이 가장 높겠고, 일부는 도서관 서가에 꽂혀있을 것이며, 분명 중고 서점에도 적잖이 있을 것이다. 그리고 일부는 이미 폐지로 수거되어 다른 형태로 재활용되었을지도 모른다.

∾

얼마 전까지 난 내 소설이 읽히고 안 읽히고는 상관없이 판매만 된다면 좋다고 생각했다. 지금도 이 생각은 크게 달라지지 않았다. 1년에 한 권이라도 종이책을 읽는 성인이 10명 중 3명_{성인 종이책 독서율 32.3%, 〈2023 국민도서실태조사〉} 밖에 안 되는 지금의 상황에서 책을 사는 행위는 그 자체로 너무나도 소중하고 감사하기 때문이다. 요즘 출판인들 사이에서 책을 사는 분들을 빛과 소금 같은 존재라고 칭하는 게 괜히 그러는 게 아니다.

그런데 난 출판인이기에 앞서 작가다. 작가는 상당한 고민과 노력을 투입해 자기만의 소설을, 자기만의 이야기를 창작한다. 작가는 자식과도 같은 소설이 그저 세상에 나온 것만으로 만족할 수 없다. 소설이 독자에게 온전히 가닿기를 바란다. 그렇게 독자와 만난 이야기가 독자의 생각과 감정에 울림을 전할 수 있기를, 그 울림이 계속해서 메아리칠 수 있기를 바란다. 그래서 독자의 삶에 작은 변화라도 일으킬 수 있게 된다면 더 바랄 게 없다.

4,000부 넘게 인쇄되었고, 그중 절반 정도가 독자에게 다다른 나의 이야기들은 과연 내가 바랐던 울림을 전하고 있을까? 가끔 판매되는 내 책들을 보며 이런 생

소설이 독자에게 온전히 가닿기를 바란다.
그렇게 독자와 만난 이야기가
독자의 생각과 감정에 울림을 전할 수 있기를,
그 울림이 계속해서 메아리칠 수 있기를 바란다.
그래서 독자의 삶에 작은 변화라도 일으킬 수 있게 된다면
더 바랄 게 없다.

각을 하곤 한다. 내 책이 그저 보기에 이뻐서, 또는 단순히 독립출판 소설이 신기해서, 아니면 혼자 창작부터 제작 및 판매까지 고군분투하는 내가 가여워서 책을 사는 건 아닐까, 라는 생각. 물론 앞서 말한 것처럼 책이 팔린다는 사실 자체만으로도 충분히 감사할 일이다. 그래도 단순한 판매를 넘어 나를 떠난 책들이 이야기 자체로 누군가에게 유효한 영향을 미치기를 바라는 마음이 없다면 그건 새빨간 거짓말이다.

역시나 가장 중요한 건 소설 그 자체다. 재미있고 흥미로우면서 메시지와 깊이까지 있는 소설이라면 판매가 잘되는 건 당연하거니와 독자의 마음에 단단하게 자리 잡아 오래도록 울림을 전하기 때문이다. 그러니 그런 소설을 쓰자. 해야 할 일은 그것뿐이다.

언젠가 한 독자로부터 자신의 책장에는 가장 좋아하는 책들을 모아놓은 '명예의 전당' 코너가 있는데, 제 소설들이 한 자리를 차지하고 있다는 말을 들었습니다. 작가로서 너무나 영광이고, 감사하고, 행복할 따름입니다.

31

독립출판 장돌뱅이 2

2024.09.05.

바야흐로 독립출판 북페어의 시대가 도래했다고 말하고 싶다. 갑자기 뭔 뚱딴지같은 소리냐 할 수도 있을 텐데, 독립출판에 관심이 없다면 당연하고도 자연스러운 반응이다. 하지만 3년째 북페어에 부지런히 참여하며 열심히 장돌뱅이 생활 중인 내게 올해는 분명 그 어느 해보다 풍성하고 활발한 북페어의 향연이 펼쳐지는 해이다. 나와 비슷한 활동을 하는 분이라면 충분히 수긍할 수 있으리라 생각한다.

그동안 수도권에만 집중되었던 독립출판 북페어가

작년부터 지방에서 하나둘 열리기 시작하더니 올해는 웬만한 지방 주요 도시에서 우후죽순 개최되고 있다. 2024년 9월 기준으로 부산, 대구, 광주, 대전 등 대도시는 물론 군산, 포항 같은 중소도시에서도 대규모 북페어가 열렸거나 열릴 예정이다. 이미 서울, 인천, 경기 등 수도권에서 열리는 다수의 북페어 및 제주에서 열리는 북페어까지 모두 포함하면 대한민국 전국에서 북페어가 열린다고 해도 과언이 아닐 듯하다.

이러한 독립출판 북페어의 성행은 분명 요즘 독자의 특성, 그리고 지난 〈서울국제도서전〉 대흥행의 영향이 크게 작용한 것으로 추측된다. 우선, 최근 독서 시장의 주요 독자는 여성, 특히 이삼십 대 여성이다. 북페어의 주된 방문객도 당연히 이들이다(정확한 통계는 없지만 내 경험으로 비추어보아 북페어 방문객 중 50% 이상은 이삼십 대 여성이며, 나이를 고려하지 않으면 여성의 비율은 아마도 7, 80% 이상일 것이다). 이들은 취향에 맞는 책을 세심하게 고르고, 읽고, 알리고, 작가를 열렬히 지지하는 것에 매우 적극적이다. 유명 작가가 아니더라도 책이 흥미를 끌거나 마음에 들면 기꺼이 사서 경험해 보는 것에 주저함이 없다. 이런 이들에게 독립출판 북페어는 새로움과 흥미로움이 가득한 보물창고이자 축제의 장이다. 기획과 홍보가 제대로만 된다면 어느 지역에서 열리든 이들로 인해 북페어의 흥행은 어느 정도 보장된다고 봐도 무방할 것이다.

그리고 지난 6월에 개최된 〈서울국제도서전〉의 폭발적인 흥행은 지방 도시에서 문화 행사를 기획하는 공공 및 민간 관계자들에게 큰 놀라움과 자극을 주었을 게 틀림없다. 그동안 관심 있는 소수의 행사 정도로만 여겼을 북페어가 엄청난 인파를, 특히 젊은 세대를 모이게 하고 그로 인해 수많은 이슈를 만들어 낼 수 있다는 사실을 두 눈으로 직접 확인하였으니 말이다. 그래서 그동안 별 관심이 없던 도시들도 앞다투어 북페어를 기획하고 개최하려 하는 게 아닐까.

이러한 상황은 나 같은 독립출판 장돌뱅이에게 엄청난 호재다. 나라는 작가를, 나의 소설을 알릴 수 있는 공식적인 기회가 늘어났으니 당연히 좋을 수밖에 없다. 그래서 일정이 허락하는 모든 북페어에 참가를 신청했고, 많은 북페어에 선정되었다(물론 많이 떨어지기도 했다). 선정된 북페어 대다수가 9월부터 11월 사이에 집중되어 있어, 이 두 달 동안은 주말마다 전국 곳곳을 누비며 제대로 장돌뱅이 생활을 할 예정이다. 이래저래 기대되고 흥분되는 2024년 가을이다.

하지만 북페어에 참여한다고 많은 판매가 보장되는 건 절대 아니다. 지금까지 이런저런 북페어에 참여하면서 깨닫게 된 건—그로 인해 진리라고 받아들이게 된 건—북페어에서 판매량은 정말 예측 불가라는 사실이다. 잔뜩 기대했던 북페어에서 너무나 초라한 수준으로 판매된 적도 있고, 별 기대 없이 마음을 비웠던 북페어에서 예상외의 판매실적을 올린 적도 있다. 그렇다고 마음을 비웠을 때 꼭 흥행한 것도 아니다. 마음을 비운 만큼 판매량도 새털만큼 가벼웠던 적이 부지기수다.

결국 각각의 북페어에 최선을 다하고, 어떤 결과든 그저 겸허히 받아들이는 수밖에 없다. 판매가 많이 되었다고 기뻐하는 것도, 공쳤다고 우울해하는 것도 적어도 지금 나에게 있어 모두 부질없는 짓이다. 단지 내가 이제는 이렇게 다양한 북페어에 참여할 수 있는 수준이 되었다는 사실을, 처음으로 참가했던 북페어에 고작 2종의 책을 선보였던 내가 책도 4종으로 늘어나고 다양한 굿즈까지 판매할 수준이 되었다는 사실을 대견하게 여기면 된다. 아무것도 모르고 잔뜩 긴장해 안절부절못하는 초짜 장돌뱅이였던 내가, 여유로운 표정으로 방문객을 맞이하고 책을 설명하는 조금 더 노련한 장돌뱅이가 되었다는 사실에 만족하고 뿌듯해하면 그만이다.

～

3년이 넘는 세월 동안 수많은 순간을 통과하며, 수많은 사람을 만나며, 수많은 성공과 실패를 겪으며 나라는 독립출판 장돌뱅이는 조금씩 성장했다. 그리고 운 좋게 시기와 분위기가 잘 맞아떨어져 앞으로 내가 참여하게 될 많은 기회가 주어졌다. 이 기회를 통해 나는 또 오르락내리락하는 성공과 실패의 순간들을 경험할 것이고, 그 낙차만큼 더 성장할 것이다. 장돌뱅이로서의 성장이 단순히 판매 능력만의 성장은 아니다. 더욱 멋진 책을 제작하는 출판인으로서의 성장이기도 하며, 무

이 기회를 통해 나는 또 오르락내리락하는
성공과 실패의 순간들을 경험할 것이고,
그 낙차만큼 더 성장할 것이다.
장돌뱅이로서의 성장이 단순히 판매 능력만의 성장은 아니다.
더욱 멋진 책을 제작하는 출판인으로서의 성장이기도 하며,
무엇보다 매력적인 소설을 쓰는 작가로서의 성장이기도 하다.

엇보다 매력적인 소설을 쓰는 작가로서의 성장이기도 하다. 그래서 내게 주어진 이 기회들이 너무나 소중하고, 너무나 감사하다.

이전 글에서 독립출판 장돌뱅이의 삶이 애달프다고 했다. 맞다. 애달프다. 하지만 애달픈 순간들 사이에서도 화려하진 않지만 반짝이는 순간들이 있다. 작지만 아름다운 순간들이 있다. 내 소설을, 그리고 나라는 작가를 진심으로 아껴주고 응원해 주는 사람들을 만나는 순간들이 분명 존재한다. 그러한 순간들을 경험해 본 사람이라면 누구든지 이렇게 말하지 않을까. 독립출판 장돌뱅이의 삶을 사랑하지 않을 수 없다고.

지방의 북페어에 참여할 때는 그 지방의 맛집을 찾는 것도 굉장히 중요합니다. 음식이 만족스러우면 북페어 판매가 조금 부진해도 아쉬움이 덜하더라고요.

내 소설이 누군가에게
다가갔을 때

2024.09.12.

4년 전 글쓰기 모임을 시작했을 때, 처음 2, 3회 정도까지 에세이를 쓰다가 안 되겠다 싶어 소설로 장르를 바꿨다. 가장 큰 이유는 부끄러워서였다. 엉망인 문장도 부끄러웠지만 그보다는 솔직한 내 생각과 감정, 일상을 사람들과 함께 나누는 게 영 자신 없었고 부끄러웠다. 그래서 허구의 이야기인 소설을 쓰기 시작했다. 그렇다고 내가 쓴 소설이 백 퍼센트 허구는 아니었다. 많은 소설에서 나를 포함한 실제 인물과 실제 사건이 소재로 사용되었다. 단지 이를 변형하고 가공한 인물과 사건으로 구성되었기에 내 얘기인 듯 내 얘기가 아닌,

또는 내 지인 얘기인 듯 지인 얘기가 아닌 소설이었다.

그래서인지 독자들이 자주 하는 질문 중 하나가 "이건 작가님 얘기인가요?" 또는 "아는 사람 얘기인가요?"이다. 처음엔 이런 질문에 주저리주저리 설명했다. "제 얘기긴 하지만 그렇다고 전부 제 얘기는 아니고요, 제 얘기의 이 부분은 이렇게 저 부분은 저렇게 바꿔서……" 설명하는 나도, 듣는 독자도 모두 명쾌하지 못했다(앞선 글에서 언급했듯, 난 설명을 잘 못한다). 지금은 깔끔하게 이렇게 대답한다. "아니요. 허구의 이야기입니다." 대답하기 귀찮아서 그런 건 아니다. 시작은 나 또는 지인의 얘기였지만 수차례 변형과 가공의 과정을 거쳐 만들어진 결과물은 처음과는 완전히 다른 결을 가진 허구의 이야기가 되었기 때문이다. "그래도 어찌됐든 당신(또는 지인)의 얘기가 시작 아닌가요?"라고 다시 묻는다면, 아니라고 할 수는 없다. 뭐, 그렇긴 하죠, 라고 할 수밖에.

소설을 발표한 뒤 가장 신경 쓰이고, 궁금하고, 걱정되는 건 과연 내 소설이 독자들에게 어떻게 읽히고 이해되고 받아들여지는가이다. 내가 예상한 대로, 그리고 의도한 대로 독자에게 가닿아 어떤 울림을 주었다면 그것만큼 기쁘고 보람찬 일도 없을 것이다. 때로는 내가 전혀 예상치 못한, 의도치 않은 방향으로 소설을 이해하고 자신만의 방식으로 받아들이는 독자들도 있다. 이런 분들의 감상은 내게 신선한 충격과 자극을 주고, 내 소설을 새로운 시각으로 읽어준 것에 감사하기도 하다. 물론 그 시각이 비판적일 때 속이 쓰린 건 어쩔 수 없지만.

독자들의 반응을 접하는 가장 좋은 방법은 블로그나 인스타그램 같은 SNS이다. 그래서 자주(매우 자주) 온라인을 뒤적거린다. 그러다 내 소설 관련 게시물을 발견하면 그렇게 반갑고 기쁠 수 없다. 예상치 못했던 선물을 받은 기분이랄까. 감사하게도 대부분 호의적인 감상이지만, 때때로 비판적인(혹은 날카로운) 평도 있다. 얼마 전 발견한 한 게시물은 내 두 번째 소설집 『여름의 한가운데』에 관한 것이었는데, 이런 감상이 적혀 있었다.

문장은 감성적이고 아름다우나 인물 설정이나 스토리
전개에 불쾌하고 불편한 지점이 많아서 아쉬웠다.

기분이 나쁘거나 실망한 건 아니었다. 개인마다 감
상은 다를 수밖에 없으니 이 또한 내 소설을 읽고 받을
수 있는 느낌이구나, 라고 생각하면 그만이다. 다만, 인
물 설정과 스토리가 불쾌하고 불편했다는 말은 곱씹어
볼 수밖에 없었다. 저 소설집에 수록된 소설에는 앞서
말했듯 나와 내 주변 사람들의 이야기가—변형과 가공
을 거쳐—반영되었다. 내게는 인상적이고 소중한 이야
기들이기에 소설로 쓴 것이다. 그런데 그러한 이야기가
누군가에게 불쾌하고 불편할 수도 있다는 사실이 이래
저래 많은 생각을 들게 했다. 어쩌면 소설을 읽을 당시
독자의 기분이 그다지 좋지 않았을지도 모르고, 나에겐
의미 있고 소중한 경험이 안 좋았던 기억과 연결되었을
수도 있으며, 소설 속 인물이나 상황을 묘사하는 문장
에 신중함과 섬세함이 부족했을 수도 있다. 아마도 마
지막 이유가 가장 크지 않을까 싶다.

지난 주말, 내가 지원받아 사용하고 있는 작업 공

간을 지역 주민들에게 공개하는 행사가 있었다. 단순히 공간만 공개하는 건 아니었고, 주민이 체험하는 프로그램을 준비해야 했다. 함께 입주하고 있는 예술가들은 자신의 활동 분야에 맞게 영화와 시각 예술을 활용한 프로그램을 준비했다. 소설 쓰는 작가인 나는 소설 말곤 보여줄 게 없기에 소설 속 몇몇 문장을 발췌해 전시하고, 그중 인상적인 문장을 선택해 감상을 나누는 프로그램을 마련했다.

사전 신청을 받아 이틀간 30명이 넘는 사람들이 찾아와 주었는데, 둘째 날에는 초등학교 독서 모임의 회원들이 방문했다. 4, 5학년 정도 되는 아이들을 보면서 처음엔 이 어린 친구들이 과연 내 문장을 제대로 이해할 수 있을까, 도대체 무슨 얘기를 해줘야 하나 걱정이 되었다. 그런데 프로그램이 시작되니 아이들은 내 문장을 어른 못지않게 집중해서 보았고, 자신만의 판단에 따라 인상적인 문장을 선택했다. 그중 한 아이의 선택은 내게 잊지 못할 경험을 선사했다.

그 아이가 선택한 문장은 암으로 먼저 세상을 떠난

엄마를 그리워하는 딸의 이야기를 그린 소설 속 문장이었다. 핵심만 요약하자면 사랑하는 사람이 떠난 후에 후회해도 아무 소용 없다, 라고 말하는 문장이었는데, 아이가 선택하기에는 그 감정이나 의미를 제대로 이해하기 쉽지 않은 문장이었다. 나는 조심스럽게 아이에게 선택의 이유를 물어보았다. 아이는 이렇게 대답했다. 엄마가 지금 많이 아픈 데 아프기 전에는 말도 안 듣고 속만 썩였다고. 이 문장을 보니 지금이라도 엄마 말 잘 듣고 잘해야겠다는 생각이 들어서 선택했다고. 나도 모르게 울컥해진 마음에 별다른 말을 할 수 없었다. 그저 아이의 등을 살며시 쓰다듬어 주었다.

❦

종종 그런 생각이 든다. 내 소설이, 내가 쓴 문장이 전혀 예상하지 못한 모양과 색깔로 독자들에게 다가간다고. 그렇게 다가간 문장이 그들의 과거와 현재, 추억, 감정과 만나 그들만의 풍경을 펼쳐내고 그들만의 이야기로 다시 태어난다고. 이런 생각이 들 때마다 난 더 겸허해진다. 단어 하나, 문장 한 줄 허투루 써서는 안 된 종종 그런 생각이 든다.
내 소설이, 내가 쓴 문장이
전혀 예상하지 못한 모양과 색깔로
독자들에게 다가간다고.
그렇게 다가간 문장이
그들의 과거와 현재, 추억, 감정과 만나
그들만의 풍경을 펼쳐내고
그들만의 이야기로 다시 태어난다고.
이런 생각이 들 때마다 난 더 겸허해진다.
단어 하나, 문장 한 줄
허투루 써서는 안 된다고 생각한다.

다고 생각한다. 그리고 무엇보다 마음을 다해 쓰자고 다짐한다. 독자들에게 다가간 내 소설은, 내 문장은 이미 내 것만이 아니기에.

같은 소설이라도 독자마다 다르게 받아들인다는 걸 새삼 깨닫게 됩니다. 그만큼 더 세심하게 진심을 담아 써야만 하겠지요.

33

아직, 여름

____

2024.09.19.

얼마 전 추석을 맞아 부모님 집에 방문했다. 식사 후 거실에 앉아 무심코 고개를 돌려 창밖을 바라보니 옅은 구름이 드문드문 덮인 하늘과 비죽비죽 못나게 솟은 아파트, 그리고 멀리 보이는 시커먼 산이 보였다. 그리고 또 하나. 눈에 보이진 않지만 9월 중순에도 불구하고 여전히 기승을 부리며 창밖의 모든 풍경을 숨 막히게 감싸고 있는 무더위가 보였다. 뜨거운 햇볕, 습하고 무거운 바람, 모든 것을 무기력하게 만드는 여름의 공기. 분명 창밖은 아직, 여름이었다. 거실의 오래된 에어컨은 오랜만에 모두 모인 가족을 위해 신통치 않은

찬 바람을 힘겹게 토해냈다. 아끼고 살아야 한다는 부모님의 가여운 신념 때문에 자신의 역할을 선풍기에게 미룬 채 한여름 불볕더위에도 태평하게 잠만 잤을 녀석이 9월에 느닷없이 고생이었다.

언제부터인지 모르겠지만, 난 여름을 좋아하지 않는다. 너무 단호하게 말한 것 같아 여름에게 조금 미안한 감이 없잖아 있기도 하지만, 사계절 중 어떤 계절을 가장 싫어하냐고 묻는다면 주저하지 않고 답할 수 있다. 난 여름이 싫어요! 물론 여름의 좋은 점도 있다. 일찍 뜨고 늦게 지는 태양, 파란 하늘에 피어오른 거대하고 새하얀 뭉게구름, 태풍이 올 때의 거센 바람, 달콤하고 시원한 수박, 그리고 여름에만 느껴지는 푸른 밤의 낭만. 하지만 이 정도를 제외하면 좋아할 만한 점이 떠오르지 않는다. 내게 여름은 덥고, 습하고, 비도 많이 내리는 정말 견디기 쉽지 않은 계절일 뿐이다.

이렇게나 싫어하는 여름이지만, 이상하게도 소설 소재로는 꽤 여러 번 사용했다. 내 첫 번째 소설집 『당신의 계절이 지나가면』에 첫 번째로 수록된 소설 제목은 「스물네 살 그해 여름」이다(소설의 첫 문장은 무려 '거리는 이미 여름으로 가득 차 있었다'이다. 어이쿠!). 이 소설집에는 「여름이 지나가고」라는 제목의 소설도 수록되어 있다. 두 번째 소설집의 제목은 심지어 『여름의 한가운데』이다(동명의 단편소설이 수록되어 있다). 이들 소설에서 인물들은 무덥고 힘든 여름의 시간을 통과하며 방황하고 실패한다. 어쭙잖은 풋사랑은 쓰라린 상처를 남기고, 계속되는 선택의 갈림길에서 주저한 끝에 남은 건 텁텁하고 씁쓸한 후회뿐이다. 내게 여름이라는 계절은 이상하게도 그런 이미지였다. 괴롭고 험난한, 그래서 사람을 지치게 만드는 계절. 하지만 피할 수는 없어 반드시 통과해 내야만 하는 시간.

사람의 일생을 계절로 나누어 본다면 여름은 아마도 이삼십 대 시기 아닐까. 푸릇푸릇하고 생기 넘치는, 그래서 가장 열정적이고 가장 활기 넘치는 시기. 모든 것이 가능할 것 같고, 모든 것이 눈부시게 반짝이는 그런 시기(그런데 어쩌면 이것도 여름의 이미지에 관한 편견일지도). 그런데 나의 이삼십 대는 딱히 그렇지 못했다. 방황이 반복됐고, 성공보다는 실패와 좌절에 더 익숙했다. 반짝이는 빛을 분주히 좇으려 했지만 두 발과 두 손은 허공에서 허우적거리기만 했다. 결국 어느 것 하나 손에 쥐지 못하고, 어느 곳에도 안착하지 못하고 그렇게 인생의 여름을 흘려보냈다. 내 소설에 투영된 여름의 이미지가 조금은 부정적인 이유는 분명 이러한 나의 이삼십 대 시간이 적지 않게 영향을 주었기 때문이다.

다행인 건, 여름이 지나가면 가을이 다가온다는 사실이다. 계절 중 가을은 가장 풍요롭고 충만한 시기이고, 인생에서도 그건 마찬가지일 것이다. 사람마다 차이는 있겠지만 보통 사십 대가 그러한 가을이 시작되는 시기라고 생각된다. 어느덧 내 나이도 앞자리가 4로 바뀐 지 두 해가 되어 간다. 내 또래의 친구들, 그리고 사회에서 알게 된 지인들은 이제 자신만의 가을을 맞이하고 있다. 뜨겁고 힘겨웠던 여름을 어떻게든 통과해 이제는 제법 선선한 바람이 부는 비옥한 양지에서 그동안 맺은 열매를 수확하며 안정적인 삶에 접어들고 있다.

반면, 나에게 가을은 아직도 저 멀리 있는 듯하다.

열매를 맺기는커녕 그동안 어찌어찌 일구었던 논밭을 모조리 갈아엎었다. 겪어본 적 없는 거칠고 메마른 토지에 새로운 씨앗을 뿌리고 있다. 과연 씨앗이 뿌리를 내리고 싹을 틔워 때가 되었을 때 열매를 제대로 수확할 수 있을지 장담할 수 없다.

나 홀로 아직도 뜨거운 여름을 통과하고 있다. 여름이 나에게만 머물러 있는 건 아닌가 하는 생각도 든다. 물론 그렇다고 억울한 건 아니고, 불평불만을 늘어놓을 생각도 없다. 다른 누구도 아닌 바로 내가 선택한 여름, 전업 작가 생활이니까. 쉽지 않을 걸, 고통스러울 걸 뻔히 알면서도 언제 끝날지 모를 이 뜨거운 여름의 한가운데로 난 스스로 뛰어들었다.

~

창밖은 아직 여름이다. 한숨이 푹푹 나오지만, 그래도 우리는 모두 알고 있다. 단지 예년보다 조금 늦을 뿐 가을은 반드시 온다는 사실을. 나에게도 분명 가을이 온다는 사실을 의심하지 않는다. 그저 너무 늦지 않

다른 누구도 아닌 바로 내가 선택한 여름, 전업 작가 생활이니까.
쉽지 않을 걸, 고통스러울 걸 알면서도
언제 끝날지 모를 이 뜨거운 여름의 한가운데로 난 스스로 뛰어들었다.

기만을 바랄 뿐이다. 그때까지 이 여름에 지치지 않고 무사히 통과할 수 있기만을 바란다.

9월 중순이 지나가니 날씨가 순식간에 가을이 되었습니다. 역시 이러쿵저러쿵해도 가을은 오기 마련인가 봅니다.

34

창작과 변주, 그리고 반복

———

2024.09.26.

며칠 전 지인들과의 술자리에서 최근 개봉한 영화 〈베테랑 2〉류승완 감독, 2024에 관한 대화를 나누었다. "〈베테랑 2〉 봤어?"로 시작된 대화는 자연스레 "어땠어?"로 이어졌다. 영화에 대한 감상은 극명하게 갈렸다. 누군가는 영화가 별로였다, 실망스럽다 했고, 그에 맞서 다른 누군가는 너무 괜찮았다, 재밌게 봤다고 맞받아쳤다. 영화를 본 사람들이 호(好) 세력과 불호(不好) 세력으로 정확히 이분되었다. 나는 호 세력이었다.

불호 세력은 이번 영화에서도 당연히 전편과 같은

스타일(단순하고 통쾌한 스토리, 호쾌한 액션과 웃음 등)을 기대했는데 그렇지 않아 불만족스럽다고 했다. 반대로 호 세력은 전편의 보장된 흥행 공식을 답습하지 않고 과감하게 차별화를 선택한 점에 박수를 보내며 만족감을 표했다. 양측의 입장은 한 치의 양보 없이 팽팽했다. 하지만 영화에 대한 논쟁은 그리 길게 이어지지 못했다. 애초에 누가 맞고 틀리고를 판단할 수 없는 문제다. 상대방의 의견이 어떻든 내가 영화를 어떻게 봤는지가 중요하기에 피곤하게 핏대 세우며 목소리를 높일 일은 아니었다. 그렇게 대화는 어느 순간 스리슬쩍 다른 주제로 넘어가 버렸다. 술자리 대화가 늘 그렇듯.

2015년 개봉한 영화 〈베테랑〉은 관객 1,300만 명 이상 관람한 흥행작이었다. 감독은 이러한 영화의 속편을 만들면서 전 편과 유사한 스타일로 어느 정도 흥행이 보장된 방향을 선택할 수도 있었다. 실제로 흥행작의 후속작들이 대부분 그러한 방향으로 제작되곤 한다(대표적으로 〈범죄도시〉 시리즈). 하지만 감독은 자신이 하고 싶은 이야기를 더 깊이 있게 전달하기 위해 쉽고 안전할 수 있는 방향을 외면하고 변화와 도전을 선택했다. 결과적으로 〈베테랑 2〉는 전 편의 관객들에게 낯섦과 불편함을 안기는 다소 결이 다른 영화가 되었고, 명확하게 호불호가 나뉘는 영화가 되었다.

아마 감독이 어떤 방향을 선택했다고 한들 평가는 반드시 갈렸을 것이다. 전자의 방향을 선택했다면 '상업적 흥행만을 위한 고민 없는 자기 복제' 따위의 말을 들었을 게 불 보듯 뻔하다. 감독은—내가 생각하기엔—충분히 설득력 있는 변화를 소신 있게 선택해 밀고 나갔지만, 그 변화가 모든 사람에게 받아들여지는 게 아니라는 것도 현 상황으로 충분히 드러났다.

어떤 분야든 창작이란 건—무언가 만들어 낸다는 건—그런 것 같다. 모두에게 환영받는 결과물을 만들어 내기 정말 어렵고 힘든, 정답이란 없는 행위. 90년대 대중문화의 아이콘 서태지와 아이들의 리더 서태지는 1996년 그룹 해체 기자회견에서 눈물을 글썽이며 말했다. 새로운 음반을 만들어 내는 창작의 작업은 뼈를 깎는 듯한 고통의 연속이었다고. 당시에도, 그리고 그 이후 한참 동안도 서태지의 말을 제대로 이해하지 못했다. 아니, 이해할 수 있을 리 만무했다. 창작이란 걸 해보지 않았으니 그 어려움과 고통을 이해한다는 건 어불성설이었다. 그러나 이제는 내가 어설프게나마 창작 활동을 하는 입장이 되고 보니 그때 서태지의 말이 십분 이해된다. 물론 서태지와 나의 창작물 수준은 비교할 바가 아니겠지만, 어쨌든 무언가를 창작할 때 어떠한 형태나 방향으로 가야 하는지를 결정하기 위해 많은 고민과 고통, 그리고 인내가 따른다는 사실을 이제야 겨우 깨닫게 되었다.

아르헨티나의 작가 보르헤스는 작가가 일생을 통틀어 쓸 수 있는 이야기는 한정적이고 계속 변주를 줄 뿐이라고 말했다. 이 말에 의하면 어쩌면 창작이란 완전히 새로운 걸 만드는 것만이 아닌지도 모른다. 작가가 탄생시킨 하나의 세계를 계속해서 확장하고, 더 깊게 또는 다른 시각으로 바라보는 게 창작이 될 수도 있다. 그렇게 변주하다 보면 예상치 못한 새로운 세계가 태어날지도 모른다. 앞서 언급한 〈베테랑 2〉도 기존 〈베테랑〉과 완전히 다른 작품이 아닌 조금 다른 방향으로 변주한 작품이라고 보는 게 타당할 것이다.

소설을 쓰면서 매번 기존과는 다른 새로운 형태의, 새로운 분위기의 이야기를 창작하기 위해 끝없이 고민하고 이런저런 다양한 시도를 한다. 그게 작가로서의 성장이라고 생각했다. 하지만 쓰다 보면 나도 모르게 내 전작들과 비슷해지곤 했다. 인물의 성격이나 사건의 내용, 어떤 때는 전체적인 분위기까지. 가장 최근에 발표한 소설들은 나름 의욕적으로 전작들과 완전히 다른 분위기와 스타일로 변화를 시도하였는데, 출간 전 먼저 읽어본 지인은 나에게 이렇게 말했다. "이거 그냥 네 소설인데?"

난 나만의 새로운 이야기를 창작하고 있다고 생각했는데 계속해서 변주만 했던 건지도 모르겠고, 아니면 그저 똑같은 세계를 반복해서 보여주었던 것뿐인지도 모르겠다. 궁금하지만 스스로 명확하게 답을 내리기는 어렵다. 그런데 어쩌면 이러한 의문은 지금 나에게 쓸데없을지도 모른다. 아직 난 그저 묵묵히 써야만 한다. 그게 창작이든, 변주든, 아니면 반복이든 중요하지 않다. 거미가 거미줄을 뽑아내듯 열심히 문장과 이야기를 생산해야 한다. 그렇게 나만의 더 크고 견고한 거미집을, 소설 세계를 구축해야 한다. 그때가 되면 독자들이 판단해 줄 것이다. 내가 만든 소설 세계의 형태가 창작인지, 변주인지, 아니면 반복인지 말이다.

〈베테랑 2〉에서 가장 좋아하는 장면은 마지막에 서도철이 식탁에서 라면을 끓여놓고 아들과 마주하는 장면입니다. 저는 일상적인 상황에서 별것 아닌 대화와 행동으로 인물들의 심리를 표현하는 이러한 장면에 항상 마음이 가곤 합니다.

아직 난 그저 묵묵히 써야만 한다.
그게 창작이든, 변주든, 아니면 반복이든 중요하지 않다.
거미가 거미줄을 뽑아내듯 열심히 문장과 이야기를 생산해야 한다.
그렇게 나만의 더 크고 견고한 거미집을,
소설 세계를 구축해야 한다.

35

산책이 필요한 시기

2024.10.03.

올해 초 썼던 글에 이렇게 쓴 적이 있다. 앞으로 전업 작가 생활에 도움이 될 수 있는 소박하지만 소중한 습관을 만들어 나가겠다고. 그때 생각했던 습관은 이런 것들이었다. 아침에 일정한 시간에 일어나 가볍게 아침 식사 챙겨 먹기, 꾸준히 책을 읽고 마음에 드는 문장 필사하기, 산책하기, 일주일에 두 번 이상 운동하기 등. 그리 부담스럽지 않은 것들이기에 충분히 실천할 수 있다고 여겼다.

시간은 빠르게 흘러 저 글을 쓴 지 벌써 9개월이 흘

렀고, 계절도 겨울과 봄, 여름을 지나 어느새 가을에 접어들었다. 처음에 생각했던 습관 중 꾸준히 지켜나간 것도 있고, 아쉽게도 그러지 못한 것도 있다. 일정한 시간에 일어나 아침 챙겨 먹기와 일주일에 두 번 이상 운동하기는 이제 어느 정도 몸에 익은 습관이 되었다. 매일은 아니지만 책도 조금씩 생각날 때마다 읽고 있다. 필사는 초반 몇 달간은 열심히 했다. 하지만 5월부터 신작 마무리 작업과 출간에 많은 시간이 투입되면서, 그리고 이후 이런저런 외부 행사 참여가 많아지면 점점 뜸해지더니 지금은 완전히 손을 놓고 말았다(하지만 언젠간 다시 시작해보려 한다).

꾸준한 습관이 되지 못해 가장 아쉬운 건 바로 산책이다. 원래부터 걷는 걸 좋아했기에 다른 어떤 목표보다 어렵지 않게 습관이 될 수 있다고 생각했고, 실제로 봄까지는 의욕적으로 주 3회 이상 산책을 하기도 했다. 하지만 여름이 시작되면서 산책하는 습관이 완전히 흐트러지고 말아 이제는 거의, 아니 아예 안 하게 되었다. 게으르고 끈기가 부족한 게 가장 큰 이유겠지만, 그래도 핑계를 대보자면 유독 덥고 비가 많이 내렸던 올해 여름 탓도 크지 않나 싶다.

산책을 습관으로 만들고 싶었던 이유는 산책이 글쓰기에 큰 도움이 된다고 생각했기 때문이다. 잠깐이라도 실내를 벗어나 밖을 걸으면서 느끼는 날씨의 변화, 시시각각 달라지는 거리의 풍경, 그리고 그 속에서 마주치는 사물과 사람들에게서 분명 새로운 영감을 받을 수 있다고 믿었다. 또한, 글을 쓰면서 꽉 막히고 뒤죽박죽된 머릿속을 정리하는 데에도 산책이 큰 도움이 될 수 있을 거라 기대했다. 실제로 올해 상반기, 그러니까 신작이 나오기 전까지는 나름 부지런히 산책하면서 이러한 효과를 경험할 수 있었다.

하지만 본격적인 여름이 시작된 후부터 산책을 잘 안 하게 되었고, 그래서인지 최근엔 글도 이전만큼 잘 안 써지는 느낌이다. 글을 쓰려고 하면 왠지 집중도 잘 되지 않고, 머릿속은 물먹은 솜이 가득 찬 것처럼 묵직하고 눅눅하기만 하다. 쓰려는 이야기는 흐리멍덩하니 좀처럼 풀리지 않고, 문장은 깔끔하지 못하고 질척거리기만 한다. 물론 이러한 상태의 원인을 산책을 안 한 탓으로만 돌리는 건 너무 치졸한 변명 같겠지만, 그래도 완전히 무관하다고 하고 싶진 않다. 왜냐하면, 앞서 말한 것처럼 산책이 글쓰기에 미치는 효과를 이미 경험해 봤기 때문이다.

그래서, 지금 나에겐 산책이 필요하다. 다행히 끝이 없을 것 같던 무더위가 거짓말처럼 사라지고 아침저녁으로는 선선함을 넘어 쌀쌀함까지 느껴지기 시작했다. 며칠 전부터 하늘은 더없이 투명하고, 공기는 가볍고 깨끗하며, 햇볕은 밝고 따사롭다. 모든 풍경이 높은 해상도의 선명함으로 반짝인다. 요즘 날씨는 유명한 영화 대사를 빌면 이렇게 표현할 수도 있겠다. "거 산책하기 딱 좋은 날씨네."

그러니 일부러 시간을 내어 밖으로 나가야 한다. 편한 신발을 신고 나에게 맞는 속도로 거리를 걸으며 신선한 공기로 혼탁한 머릿속을 환기해야 한다. 가을 햇볕에 고추를 말리듯 무겁고 눅눅해진 이야기를 꺼내 밝고 따사로운 볕 아래서 산뜻하게 말려야 한다. 선명한 풍경을 바라보며 닫혀있던 시야를 확장해야 한다.

산책을 통해 조금은 흐트러지고 풀어진 나를 정돈하고
바짝 조여야 한다. 다시 글을 쓸 수 있는 상태로 만들어
야 한다.

～

　어제저녁 집에 가는 길에는 평소보다 두 정거장 전
에 내려 약 한 시간 정도를 걸었다. 걷고 나니 다리가
살짝 뻐근하긴 했지만, 차갑고도 신선한 밤공기가 어수
선하게 들떠있던 내 사고를 차분하게 가라앉혀 주었다.
중구난방이던 작업 중인 글들의 방향을 명료하게 정리
할 수 있었고, 지금 이 글도 기분 좋은 컨디션으로 무리
없이 쓰고 있다. 틀림없이 산책 덕분이다.

　물론 글이 안 써질 때 산책이 유일하고도 완벽한
해결책일 리 없다. 하지만 난 자신 있게 말할 수 있다.
산책은—특히, 이 시기의 산책은 더더욱—분명 뭐라 정
확히 설명할 수 없는 신비로운 힘을 가지고 있다고 말
이다. 그 힘은 글쓰기뿐만 아니라 다른 행위들에도 많
은 도움이 될 수 있다고 믿는다. 그렇기에 다시 규칙적

산책을 통해
조금은 흐트러지고 풀어진 나를
정돈하고 바짝 조여야 한다.
다시 글을 쓸 수 있는 상태로 만들어야 한다.

이고 꾸준하게 산책하는 습관을 만들어보려 한다. 이번
엔 부디 중간에 흐지부지되지 않고 무사히 성공할 수
있기를 바란다.

가을은 산책하기 너무 좋은 계절입니다. 책 읽기도 좋고, 맛있는 전어의
계절이기도 하고요. (전 그렇게 즐기지는 않습니다만.)

36

야구는 사랑하지 않을 수 없어

2024.10.10.

　　나와 어느 정도 개인적인 친분이 있는 사람이라면 다들 알고 있을 것이다. 내가 야구를 정말 좋아한다는, 아니 사랑한다는 사실을. 그리고 잘하나 못하나 한결같은 트윈스의 팬이라는 사실을 말이다. 초등학교 2학년 코흘리개 시절부터 30년 넘도록 야구를 좋아하고 한 팀만을 응원하고 있으니, 이 정도 순애보면 어디 가서 남부럽지 않게 말할 수 있는 수준은 된다고 자부한다. 만약 내 삶에서 야구가 사라진다면 분명 그 무엇으로도 채울 수 없는 커다랗고 막막한 구멍이 뚫릴 것이다.

어렸을 적엔 야구를 깊이 이해하고 좋아하기보다는 그저 단순하게 경기의 승패만을 즐겼다. 이기면 기뻤고, 지면 화가 났다. 90년대는 트윈스가 야구를 곧잘 하던 시기였고, 성적도 상위권이었으니 야구를 보는 게 즐거웠다. 하지만 2000년대에 접어들면서 트윈스는 갑자기 내리막길을 걷기 시작해 2002년 한국시리즈 준우승 이후 10년간 하위권을 맴돌며 긴 암흑기에 머물렀다(이 시기엔 야구를 정말이지 너무나 못했다!). 만약 이 시기에도 내가 단순히 승패만 신경 썼다면 야구를 향한, 또는 트윈스를 향한 애정은 분명 사라졌을 것이다. 그런데 그렇지 않았다. 언젠가부터 난 트윈스가 경기에 패해도 화를 내기보다는(물론 아예 안 낸 건 아니지만) 다음 경기엔 이기겠지, 라고 생각했다. 하위권으로 시즌이 끝나도 다음 시즌엔 더 잘하겠지, 라는 마음으로 야구를 계속 봤다.

성적이야 어찌 됐든 상관없다는 자포자기 심정으로 욕심을 내려놓은 건 아니었다. 그보다는 어느 순간부터 야구를 대하는 관점이 달라졌기 때문이었다. 야구를 오랫동안 꾸준히 보고 좋아하면서 경기의 승패보다 야구라는 스포츠의 본질적인 특수성을 더 좋아하게 되었는데, 그 특수성이란 야구가 반복과 연속의 스포츠라는 점이다. 야구 경기는 팀 간 전력 차와 상관없이 공격과 수비 기회가 기본적으로 9회까지 동등하게 주어진다. 공격이든 수비든 한 번 실패했다고 끝이 아니라 주어진 기회 내에서 도전을 반복할 수 있다. 반복되는 도전이 실패와 성공으로 치열하게 결정되고, 그러한 결과가 누적되어 승패가 갈리는 게 야구 경기이다.

야구 시즌은 1년에 6개월 이상 연속되며, 이 기간에 월요일을 제외하고 매일 경기가 열린다. 비유하자면 야구 시즌은 단거리가 아닌 장거리 달리기이다. 아무리 잘하는 팀도 매일 이기지 못하고, 아무리 못하는 팀도 매일 지지는 않는다. 길고 긴 한 시즌을 치르면 확률적으로 일등 팀도 10경기 중 4경기는 패하고, 반대로 최하위 팀도 4경기는 이기는 게 야구다. 그렇기에 한 경기 한 경기의 승리도 물론 중요하지만, 결국 한 시즌을 좋은 성적으로 마무리하는 데 가장 중요한 건 크지 않은 전력 차이를 가진 팀들 사이에서 연속되는 야구의 시간을 어떻게 더 끝까지 잘 버티고 전략적으로 대처하

느냐이다.

　이처럼 반복과 연속이라는 특수성은 어느 순간부터 내게 야구가 인생에 주는 교훈처럼 다가왔다. 한 번 실패했다고, 한 번 패배했다고 끝이 아니라 시간은 길고 도전의 기회는 다시 온다고. 처음엔 마음에 들지 않고 간혹 부침이 있을 수 있지만 긴 시간 꾸준히 최선을 다해 버티다 보면 마지막엔 분명 가장 높은 곳에 오를 수 있다고. 그 유명한 야구 격언처럼 야구는 끝날 때까지 끝난 게 아니고(Yogi Berra, 1973), 인생도 분명 그렇다고 야구는 내게 알려 주었다.

　미국 메이저리그 야구팀 오클랜드 어슬래틱스의 전설적인 단장 빌리 빈의 실화를 영화로 만든 〈머니볼(Moneyball)〉베넷 밀러 감독, 2011에서 주인공 빌리 빈은 이렇게 말한다. "야구는 사랑하지 않을 수가 없어(How can you not get romantic about baseball?)." 야구를 사랑할 수밖에 없는 이유는 야구를 사랑하는 사람의 수만큼이나 천차만별이다. 내가 야구를 사랑하는 이유 중 하나는 야구가 기회와 도전, 그리고 꾸준한 노력의 소중함을 가르쳐 주었기 때문이고, 그로 인해 나의 삶도 바뀔 수 있다는 희망과 용기를 주었기 때문이다.

그리고 전업 작가의 삶을 사는 지금의 나에게도 야구는 여전히 유효한 믿음을 전해준다. 반복되는 실패 뒤에 반드시 성공의 기회가 온다는 믿음. 앞이 잘 보이지 않는 막막한 시간이지만 언젠가는 분명 원하는 목적지에 다다른다는 믿음. 그때까지 야구는 절대 멈추지 않고 항상 내 곁에 함께 한다는 믿음. 그렇게 야구는 나에게 변함 없는 응원과 용기를 건넨다.

이러니 어찌 야구를 사랑하지 않을 수 있을까.

제가 야구를 얼마나 좋아하냐면, 20대 초반에 좋아하던 여자에게 고백할 때 야구 얘기를 곁들여 했더랬죠. 물론 결과는 좋지 않았습니다. 지금 생각하면 왜 그랬나 싶군요.

내가 야구를 사랑하는 이유 중 하나는
야구가 기회와 도전, 그리고
꾸준한 노력의 소중함을 가르쳐 주었기 때문이고,
그로 인해 나의 삶도 바뀔 수 있다는
희망과 용기를 주었기 때문이다.

37

독립서점의 마법

2024.10.17.

지난주 문학계를, 아니 나라 전체를 떠들썩하게 한 뉴스는 단연 한강 작가님의 노벨문학상 수상이었다. 내용도 없이 제목만 뜬 속보 기사를 모니터 화면에서 처음 봤을 때, 나도 모르게 외마디 감탄사를 내뱉으며 놀랐다. 드디어 우리나라 작가도 노벨문학상을 탔구나! 이후 시시각각 올라오는 관련 기사를 읽으며 한강 작가님의 열렬한 팬도 아니고, 모든 작품을 다 읽은 것도 아니었지만 왠지 모르게 가슴이 두방망이질을 쳤고 뜨거운 무언가가 울컥거리는 기분이 느껴졌다. 단지 같은 나라 사람이라 애국심과 동포애가 느껴져 그런 건 아니었다. 나도 소설을 쓰고 있기에 소설을 쓰는 한강 작가님의 수상이 나에게도 어떤 용기와 격려, 희망을 주었다고 느껴졌기 때문이었다.

수상 발표 이후 지금까지도 한강 작가님과 관련된 수많은 기사가 연일 쏟아지고 있다. 작가님이 과거에 했던 발언 및 인터뷰, 작품과 관련된 이런저런 일화, 그리고 굳이 이런 것까지 알릴 필요가 있나 싶은 사생활 관련 기사까지. 그중 내 흥미를 끌었던 건 작가님이 독립서점을 직접 운영하고 있다는 사실이었다. 익히 알고 있고, 몇 번 그 앞을 지나치기도 했던 서촌의 한 작은 독립서점이 바로 그 서점이었다. 내가 알고 있는 서점이 세계적으로 유명한 작가님의 서점이라는 사실에 놀라기도 했고, 한편으로 궁금하기도 했다. 작가님은 왜 독립서점을 운영하실까?

이런 의문은 나만 품었던 게 아니었던지 의문에 답을 주는 기사〈노벨상 작가 한강 '만성 적자' 독립서점 지키는 이유〉경향신문, 2024.10.13.가 곧 발표됐다. 기사에 따르면 우선 작가님은 예전부터 독립서점 운영을 원했고(2016년 영국 파

이낸셜타임스와의 인터뷰에서 글쓰기를 포기한다면 생계를 위해 작은 독립서점을 열고 싶다고 말했다), 실제로 운영을 시작한 이후로는 만성적인 적자가 계속되는 서점을 운영하는 이유가 독립서점만이 갖는 가치와 역할을 굳게 믿고 있기 때문이라고 했다. 작가님이 믿고 있는 독립서점의 가치와 역할이 무엇인지 말해주는 일화가 기사에 실려 있었는데, 작가님은 한 기자회견에서 이렇게 말씀하셨다고 한다. "동네서점으로 책의 다양성이 지켜진다. 독자들이 책방의 문화 행사를 찾아가게 되면 생활의 패턴이 달라지고, 읽는 책도 늘어난다. 결국 삶의 패턴이 달라진다."

나는 이 말에 크게 공감하여 고개를 끄덕일 수밖에 없었다. 바로 내가 동네 독립서점으로 인해 삶의 패턴이 달라진, 아니 삶 자체가 달라진 당사자이기 때문이다. 내 소설책에 수록되는 작가 프로필은 이렇게 시작된다. '2020년 1월부터 독립서점 부비프의 글쓰기 모임을 통해 단편소설 창작을 시작하였다.' 당시 집 근처에 새롭게 문을 연 서점이 아니었다면 난 소설을 쓸 생각조차 하지 않았을 것이고, 4종의 소설집을 발표한 작가가 되지도 못했을 것이다. 독립서점을 만나기 전 나는 내 삶과 미래에 어떠한 확신도 없이 하루하루 흘러가는 일상을 번민과 의심으로 살아가는 그저 그런 월급쟁이 회사원이었다. 하지만 동네의 한 작은 서점에서 마련한 모임에 우연히 참여하기 시작하면서 놀랍게도 내 삶의 방향은 완전히 바뀌었다. 모임에 함께 한 사람들이 가득 품고 있던 글을 향한 애정과 서로를 향한 다정함에는 신비로운 힘이 있었고, 그 힘은 그동안 내가 생각조차 해보지 않았던 길에 발을 내디딜 수 있도록 나를 이끌었다. 만약 독립서점이 없었다면, 그리고 그 서점을 사랑했던 사람들이 없었다면 내게 일어나지 못했을 마법 같은 일이다.

이러한 마법이 내가 알고 있는 서점에서만, 그리고 나에게만 일어나진 않았을 것이다. 분명 많은 독립서점에서 일어나고 있고, 그 마법으로 인해 나처럼 삶이 새롭게 바뀐 사람들도 많을 것이다. 한강 작가님은 이미 깊은 통찰력으로 대형서점 또는 거대자본에서는 발휘되기 어려운 독립서점만의 인간적이고도 따듯한 영향력을 꿰뚫어 보셨고, 그 힘의 유효함을 너무도 잘 알기

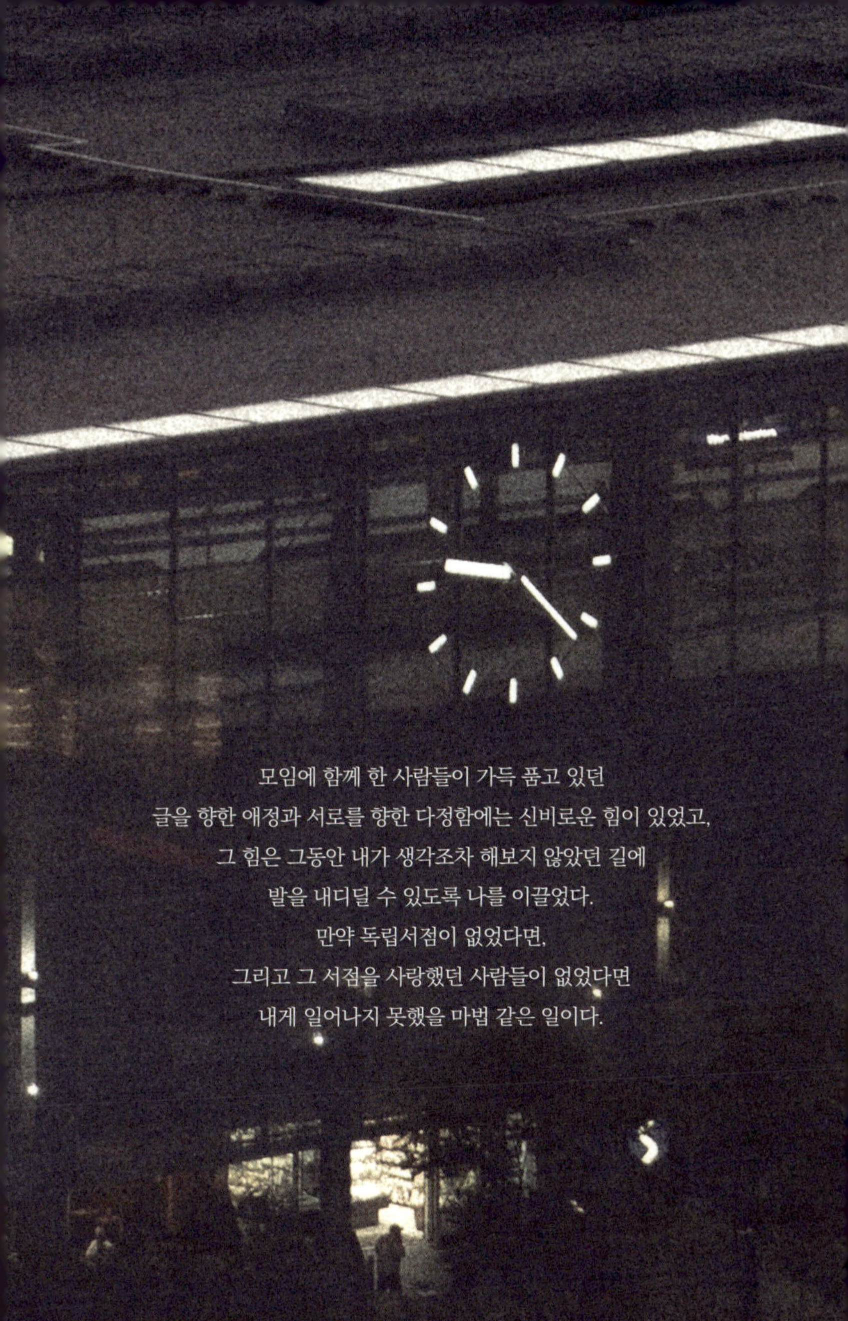

모임에 함께 한 사람들이 가득 품고 있던
글을 향한 애정과 서로를 향한 다정함에는 신비로운 힘이 있었고,
그 힘은 그동안 내가 생각조차 해보지 않았던 길에
발을 내디딜 수 있도록 나를 이끌었다.
만약 독립서점이 없었다면,
그리고 그 서점을 사랑했던 사람들이 없었다면
내게 일어나지 못했을 마법 같은 일이다.

에—그리고 신뢰하기에—비록 녹록지 않은 사정이지만 꿋꿋하게 독립서점을 운영하시는 것 아닐까.

∿

가끔 그런 생각을 한다. 내가 독립서점 덕에 받은 변화의 기회에 대한 감사함을 언젠가는 꼭 돌려주고 싶다고, 그래서 보다 많은 사람이 독립서점의 마법을 경험하는 데 도움을 주고 싶다고. 물론 그 방법이 무엇일지, 어떠한 형태일지 아직 알 수 없다. 어떻게 해야 그럴 수 있는지도 모른다. 내가 아는 건 그저 더 성실한 자세로, 더 진실한 마음으로 소설을 써야 한다는 것. 그리고 지금보다 한 뼘 더 성장하고 한 걸음 더 나아가야 한다는 것뿐이다. 그렇게 소설가로 공고하게 입지를 다지고 독자들에게 가깝게 다가간다면, 언젠가는 독립서점의 마법을 전할 수 있는 날이 내게도 오지 않을까? 그런 날을 조심스레 기대하며, 오늘도 묵묵히 소설을 쓰고 하루를 살아간다.

만약 독립서점이 없었다면 전 지금쯤 뭘 하고 있을지 상상해 봅니다. 음. 뭐가 되었든 그다지 재밌을 것 같진 않군요.

38

등단?

2024.10.24.

우리나라 문학계(특히 소설과 시 분야)에는 등단이라는 문화가 있다. 우리나라와 일본에만 존재한다고 알고 있는데, 간단하게 설명하면 아마추어 작가가 특정 조건을 충족해서 프로 작가로 인정받고 데뷔하는 걸 말한다. 여기서 특정 조건이란 신춘문예 당선, 문예지 신인상 수상, 문학상 수상 등이다. 출판사에 투고한 원고가 편집자에 의해 출판되면 작가로 인정받는 여타 다른 나라와 비교할 때, 심사를 거쳐 급을 메기는 듯한 우리나라의 등단 문화는 조금은 보수적이고 권위적으로 보이기도 한다.

등단하지 않는다고 해서 작가가 될 순 없는 건 아니고, 미등단 작가 중 평단과 대중 모두에게 인정받으며 눈에 띄는 활동을 하는 작가들도 많이 존재한다. 그래서 등단 문화는 그 필요성이 종종 논란이 되기도 한다. 하지만 출판계나 독자가 등단 작가를 더 인정하고 선호하는 건 분명한 사실이다. 아무래도 등단 과정이 기본적으로 공모를 통한 경쟁을 거쳐 결정되기 때문에 수많은 지망생 중 감각이나 실력이 가장 뛰어난 작가가 선정될 확률이 높다. 특히 경쟁률이 높은 유명 신춘문예나 문예지를 통해 등단한 작가는 그만큼 우수한 필력으로 작품성과 대중성을 보장하는 경우가 많다. 출판계와 독자가 등단 작가를 선호할 수밖에 없는 이유다.

소설을 쓰는 난 등단에 있어 갈팡질팡 해왔다. 몇 년 전까지만 하더라도 소설가는 당연히 등단해야 한다고 생각하며 이런저런 공모전에 많이도 지원했다. 하지만 실력이 부족하니 당선될 리 없었고(하지만 덕분에 소설을 많이 쓰긴 했다), 그러다 어느 순간부터는 등단 없이도 소설 쓰고 직접 책 만들어서 독자들과 만나는 것도 괜찮다고 생각했다. 등단을 포기했다기보다는 필요성에 의문을 품기 시작한 편에 가까웠다. 미등단 유명 작가들의 사례는 나의 이런 태도를 뒷받침해 주는 공고한 근거가 되었다.

　며칠 전 동료 작가들과 등단의 필요성에 관해 대화를 나누었다. 사실 나를 비롯해 독립출판 작가 중 많은 수가 등단을 목표로 하거나, 등단 작가라는 타이틀을 간절히 원하진 않는다(일일이 물어보진 않았지만 대체로 그런 것처럼 보인다). 그러지 않더라도 독립출판이라는 대안적인 활동은 자신의 창작물을 자유롭게 표현하고, 독자들과 직접 가깝게 만나는 것을 가능하게 만들기 때문이다. 소설을 쓰는 동료 작가 중 한 분도 같은 입장이었다. 등단이야 하면 물론 좋겠지만, 등단이라는 목표에 매몰되어 등단할 때까지 고독한 창작의 세계에 갇혀 괴로운 시간을 보내는 것보다는 소설을 직접 출간해서 독자들에게 빠르게 선보이고 소통하는 게 자신에겐 훨씬 더 가치 있다고 했다. 충분히 수긍이 가는 타당한 의견이었고, 나는 고개를 끄덕였다.

　그런데 문득 이런 생각이 들었다. 내가 등단이 필

요 없다고 여기는 게 어쩌면 아직 그럴 능력을 갖추지 못했기 때문에 회피하는 건 아닐까? 포도를 따지 못한 여우가 어차피 먹지 못할 신 포도였을 거라고 지레짐작하며 자기 합리화를 하듯, 등단에 실패한 난 독립출판이라는 허울 뒤에 숨어 등단 없이도 충분하다고 안주하고 있는 건 아닐까? 그러면서 독립출판이니까 이 정도면 괜찮겠지 스스로 판단하며 더 예리하고, 더 세련되고, 더 깊이 있는 소설을 써야 할 의무를 모른 척하고 있는 건 아닐까? 이런 생각이 꼬리를 물자 왠지 온몸에 힘이 빠지며 무력감이 느껴졌다.

한 작가가 등단했다면 그 작가의 작품은 문학적으로든 기교적으로든 일정 수준 이상을 획득했다고 보는 게 타당하다. 등단을 목표로 하지 않더라도 작가라면 당연히 이 수준에 도달해야 하고, 도달하려 노력해야 한다. 이건 작가의 의무이자 독자들에 대한 예의이기도 하다. 등단 없이도 활발한 작품 활동을 하는 작가들은 이 수준에 걸맞은, 아니 그 이상의 창작물을 내고 있기

포도를 따지 못한 여우가
어차피 먹지 못할 신 포도였을 거라고 지레짐작하며
자기 합리화를 하듯,
등단에 실패한 난 독립출판이라는 허울 뒤에 숨어
등단 없이도 충분하다고 안주하고 있는 건 아닐까?

에 평단과 대중의 인정을 받는 게 분명하다.

　결론적으로 작가에게 무엇보다 중요한 건 역시 좋은 작품을 쓰는 실력이다. 등단하고 말고는 차후의 문제다. 기본적으로 실력이 뒷받침된다면 등단이 아니더라도 많은 사람에게 인정과 사랑을 받는 작가가 될 수 있다. 그러니 등단의 필요성 따위를 머리 아프게 고민하거나 입 아프게 왈가왈부하지 말자. 그저 최선을 다해 부지런히 쓰기에도 이미 충분히 머리가 아프니까.

포도를 포기한 여우도 분명 더 맛있는 다른 먹을거리를 찾았을 겁니다. 그런데, 여우가 포도를 먹나요?

39

내가 할 수 있는 것

―――――――

2024.10.31.

며칠 전 유튜브에서 이런저런 영상을 보며 시간을 보내던 중, 요즘 한창 전성기를 구가하고 있는 한 여성 코미디언이 유명 예능 방송에 출연한 영상이 눈에 띄었다. 예전부터 그녀의 팬이었기에 난 반색하며 영상을 시청했다. 그녀는 자신이 연기한 수많은 캐릭터를 어떻게 만들게 되었는지, 어떤 계기로 코미디언이 되었는지, 방송과는 다른 실제 성격은 어떤지 등을 솔직하면서도 유머러스하게 들려주었다. 영상을 보는 내내 내 입가에는 미소가 가실 틈이 없었고, 가끔 큰 소리로 깔깔거리며 웃기도 했다.

영상이 막바지에 다다랐을 무렵, 그녀는 자신이 할 수 있는 유일한 능력이자 봉사가 개그라고 하면서 예전에 겪은 에피소드를 소개했다. 어느 날 자신에게 DM이 왔는데, 소아암으로 투병 중인 아이를 둔 아버지로부터의 DM이었다. 그는 아이의 영상을 함께 보냈는데, 영상 속에서 아이는 항암치료로 힘든 와중에도 방송에 나오는 그녀의 모습을 따라 하며 밝게 웃었다. 아버지는 그녀에게 아들을 웃게 해줘 감사하다는 인사를 전했다. 그녀는 이 얘기를 하며 자신이 오히려 아이 덕분에 힘을 받았다고 말했다.

이 에피소드를 들은 순간 불현듯 어떤 기억이 떠올랐다. 작년 9월의 어느 날이었는데, 그날은 퇴근길에 바라본 노을이 유난히 아름다웠다. 특히 동작대교를 건너는 중 지하철 창밖으로 펼쳐진 한강과 여의도의 고층빌딩, 그리고 붉은 노을이 만들어낸 풍경은 숨이 멎을 만큼 경이로웠다. 난 홀린 듯 스마트폰을 꺼내 동영상을 촬영했고, 촬영한 영상을 보면서 문득 내가 쓴 소설의 한 구절을 떠올렸다.

오후 7시가 넘어가자 하늘은 서쪽부터 서서히 주홍빛
으로 물들기 시작했다. 회색빛 먹구름만이 가득했던
아침의 하늘과는 완전히 다른 아름답고 경이로워 보
이는 하늘의 모습이었다. 그 모습은 마치 오늘 하루도
잘 견뎌낸 나에게 하늘이 주는 선물처럼 느껴졌다.
　_「보통의 하루」 중(『당신의 계절이 지나가면』, 2021)

　난 괜히 감상에 젖어 동영상과 소설 구절을 인스타
그램에 올렸다. '퇴근길에 이런 하늘을 마주하게 되는
건 확실히 특별하고도 감사한 순간이다. 마치 예상치
못한 선물을 받는 것처럼'이라는 조금은 오글거릴 수도
있는 문장과 함께. 팔로워도 얼마 안 되는 인기 없는 계
정이었지만 아무도 안 보면 뭐 어때, 하는 마음으로 게
시물을 올리고 혼자 만족스러워했다.

　잠시 후, 오랜만에 업데이트한 게시물에 놀랍게도
답글이 달렸다. 내가 모르는, 심지어 팔로워도 아닌 분
의 답글이었다. 내용은 이랬다. 내가 올린 글과 영상을
보니, 오늘 아이의 병실 창문 너머로 보인 눈부신 파란
하늘이 일주일간 잘 견뎌낸 아이에게 하늘이 주는 선물

이었던 것 같다고. 아름다운 문장과 영상 잘 봤다고. 그 순간 내가 느낀 감정이 무엇이었는지 잘 기억나지 않는다. 다만, 답글을 보고 나서 가슴이 두근거리고 내 안에서 무언가 크게 일렁였던 것만 기억난다.

난 답글 속 아이가 어디가 어떻게 아픈지, 무슨 치료를 받고 있는지 전혀 알지 못한다. 그저 쉽지 않은, 아니 고통스러운 아픔과 치료이지 않을까 짐작만 할 뿐이다. 그러한 아픔과 고통은 아이에게도, 그리고 아이의 아버지에게도 반복되는 하루하루를 힘들게 만들었을 것이다. 그런데 우연히 인스타그램에서 만나게 된 나의 소설이 그들에게 파란 하늘이라는 일상의 평범한 순간을 선물처럼 느껴지도록 만들었다.

난 항상 나의 글이 부끄럽다고 느끼고, 사람들에게 실제로 그렇게 말하기도 한다. 실력과 완성도에서 부끄러운 것도 사실이지만, 내 글을 스스로 부끄럽다고 느끼는 가장 큰 이유는 바로 나의 이야기가 바탕이 되기 때문이다. 내가 지금까지 쓴 소설 대부분은 내가 바라보는 세상, 내가 겪은 경험, 그리고 내가 느낀 감정이 소재가 되었다. 변형과 가공을 거쳤다곤 하지만 나의 슬픔과 아픔, 불안과 두려움, 욕망과 질투, 분노와 치졸함이 적나라하게 녹아있다. 그래서 나의 글을 보면 발가벗겨진 내가 보이고, 그런 나의 글이 참을 수 없이 부끄럽다.

그런데 이렇게 부끄러운 글이 때때로 누군가에게 위로가 되고, 응원이 되고, 선물이 될 수도 있다는 사실을 깨닫는 순간이 있다. 그런 순간을 맞이할 때면 난 벅차오르는 감정에 어쩔 줄을 모른다. 그 감정은 기쁨과 감사함이기도 하지만 그에 못지않은 건 더 진실해지고, 더 솔직해져야 한다는 굳은 의지와 책임감이다.

영상 속 그녀가 자신의 유일한 능력이 사람들을 웃게 하는 것(개그)이라고 한 것처럼, 지금 내가 유일하게 할 수 있는 일은 글을 쓰고, 그 글을 통해 독자들에게 다가가 작고 약할지라도 독자들의 내면에 울림을 일으키는 것이다. 그러니 비록 부족하고 부끄러운 글이지

그런데 이렇게 부끄러운 글이 때때로 누군가에게 위로가 되고,
응원이 되고, 선물이 될 수도 있다는 사실을 깨닫는 순간이 있다.
그런 순간을 맞이할 때면 난 벅차오르는 감정에 어쩔 줄을 모른다.
그 감정은 기쁨과 감사함이기도 하지만 그에 못지않은 건
더 진실해지고, 더 솔직해져야 한다는 굳은 의지와 책임감이다.

만 멈추지 말고 계속해서 쓰려고 한다. 나의 글이 누군가에게 가닿을 수 있도록 부단히 노력해 보려 한다. 지금 내가 할 수 있는, 아니 내가 해야 하는 게 이것뿐이기 때문이다.

그때 소중한 답글을 남겨준 분에게 이 책을 통해 다시 한 번 감사의 인사를 전합니다. 부디 지금은 아이와 함께 평안한 시간을 보내고 있기를 진심으로 기원합니다.

가을에서 ________________ 겨울

11월부터 1월까지

불안과 의심을 넘어

40

불안과 사과

———————

2024.11.07.

전업 작가를 시작한 이후 나를 가장 괴롭게 만드는 건 무엇보다도 매일매일 밀려드는 온갖 불안들이다. 내가 소설을 쓰는 게 과연 맞는 걸까, 라는 근본적인 불안부터 시작해 내 소설을 사람들이 과연 좋아해 줄까, 내 책이 과연 팔릴까, 그리고 난 이 일을 과연 계속할 수 있을까, 까지. 이런 불안들은 예고도 없이 시시때때로 찾아오지만 마땅한 해결책이나 대응책은 없다. 불안에 맞서 내가 할 수 있는 거라곤 괜찮을 거라고 마음을 다잡거나, 할 수 있다고 스스로 믿으며 의지를 북돋우는 것 정도이다. 언뜻 보면 긍정적이고 씩씩한 태도 같지

만, 사실 자신을 속이고 불안을 직시하지 않으려는 것
에 가깝다.

　내가 지금까지 매주 한 편씩 썼던 글도 사실 불안
을 감추고 외면하려는 수단 중 하나였다. 글 속에서 난
애써 괜찮은 척하며 해보자고, 가보자고, 믿어보자고
다짐하곤 했다. 물론 이러한 다짐이 거짓은 아니었다.
솔직하고 진실한 내 심정이자 의지였다. 하지만 그렇게
스스로 마음을 다잡던—어쩌면 최면을 걸고 있던—순
간조차도 내 마음속에는 어둡고 축축한 불안들이 가득
했다는 걸 부끄럽지만 이제야 고백한다.

　불안(不安)이란 '편안(安)'하지 '않은(不)' 것이다.
내가 전업 작가 생활을 하면서 불안을 느낀다는 건 결
국 전업 작가 생활이 편하지 않다는 의미이다. 온종일
책상 앞에 앉아 있어도 풀리지 않는 소설, 소속이나 동
료 없이 모든 걸 혼자 감당하는 업무, 고정적이지 않은
수익, 그리고 하루하루 빠르게 흘러가는 시간이 지금
나를 편하지 않게 만드는 것들이다. 편하지 않은 상황
이 계속되어 불안에 점령당한 심신은 쉽게 지치고 흔들

리며, 끝내 무너질 수도 있다. 최근 난 이를 몸소 체험했다.

　지난주 대구에서 열린 북페어에서 알게 된 한 작가는 방문객을 대상으로 열심히 자신을 어필했다. 어떤 책을 썼는지, 어떤 활동을 하고 있는지, 어떤 성과를 냈는지 등을 쉬지 않고 열정적으로 말했다. 그중 내게 가장 인상적이었던 건 자신은 10년 동안 꾸준히 글을 쓰고 출판을 해왔으며, 앞으로도 계속 그럴 거라는 말이었다. 난 감탄할 수밖에 없었다. 10년이라는 시간은 결코 짧은 시간이 아니기에 정말 대단하다고 생각했다. 그렇게 그 작가의 경력을 부러워하던 중 문득 10년 후 나는 과연 어떤 모습일지 궁금해졌다. 그러자 잠잠하던 마음속 불안이 고개를 들고 꿈틀거리기 시작했다.

　그때 내가 느낀 불안은 10년 후 내 모습이, 그리고 내 활동이 지금과 별반 다를 게 없을지도 모른다는 두려움에 기인한 것이었다. 대다수가 모르는 소설을 쓰고, 판매량을 말하기엔 부끄러우며, 한 권이라도 더 팔기 위해 여러 북페어를 전전하는 초라한 무명작가의 생활이 10년이 지나도 여전할지 모른다고 생각하자 엄청난 불안감이 엄습했다. 가슴은 두근거렸고 온몸에서 힘이 빠지는 걸 느꼈다. 행사를 마친 뒤 동행한 동료와 함께 술잔을 기울이며 기분을 전환하려 했지만, 한번 불안해진 마음은 쉽게 진정되지 못했다. 그래서였을까. 그날 새벽 난 누군가 내 목을 조르는 끔찍한 가위에 눌려 소스라치게 놀라며 잠에서 깼다. 생전 처음 겪는 경험이었고, 이후 난 지금까지도 그때의 기억을 완전히 떨치지 못한 채 잠들 때마다 어쩔 수 없이 두려움을 느낀다.

이러한 상태가 계속된다면 나는 정신적으로든 신체적으로든 붕괴될지도 모른다. 그러지 않기 위해선 불안을 해소해야 하고, 그러려면 앞서 언급한 날 편하지 않게 만드는 요인을 없애야 한다. 그럴 수 있는 방법은 내 생각에 두 가지뿐이다. 작가로 성공하거나, 아니면 작가를 그만두거나. 하지만 안타깝게도 두 방법 중 무엇 하나 당장 할 수 있는 건 없다. 작가로서 성공은 너무나 요원하다. 그렇다고 그만둔다면 불안보다 더 괴로운 감정으로 힘들 게 분명하다. 결국 지금 내가 할 수 있는 건 그저 버티기 뿐이다. 성공하거나 또는 포기하고 주저앉을 때까지.

∽

얼마 전까지 작업실에서 함께 지냈던 감독의 영화에는 이런 대사가 나온다.

"배우들끼리는 그런 얘기를 해. 우리는 입 벌리고 서서 사과가 떨어질 때까지 기다리는 거야, 하염없이. 나에게도 사과가 오지 않을까? 내 옆 옆 사람이 그 사과를 가지고 가. 그리고 또 그렇게 기다리는 거야. 입술이 마를 때까지 입을 벌리고 그 나무 밑에서."
_영화 〈캐리어우먼〉 중(황동욱 감독, 2022)

지금 내가 소설을 쓰고 책을 출간하는 건 어쩌면 언제 떨어질지 모르는 사과를 가만히 기다리는 행위와 비슷해 보이기도 한다. 그런 내 모습이 누군가에겐 어리석어 보일지도 모르겠다. 사과를 따기 위해 더 적극적으로 나무에 기어오르거나 나무를 흔들지 않는 나를 작가로서 성공은 너무나 요원하다.
그렇다고 그만둔다면 불안보다 더 괴로운 감정으로 힘들게 분명하다.
결국 지금 내가 할 수 있는 건 그저 버티기 뿐이다.
성공하거나 또는 포기하고 주저앉을 때까지.

보며 답답함을 느낄지도 모른다. 물론 나도 조금 더 적극적이고 주체적이고 싶다. 하지만 솔직히 어떻게 해야 그럴 수 있는 건지 잘 모르겠다. 알았다면 아마 이렇게 불안에 시달리지도 않았을 것이다.

언젠가는 사과가 떨어질 거라 믿으며 불안의 시간을 어떻게든 견뎌내고 있다. 다리가 굳지 않도록, 그리고 입을 더 크게 벌릴 수 있도록 끊임없이 꿈틀대며. 내게 사과가 떨어졌을 때 놓치지 않고 꽉 붙잡기 위해.

처음 가위에 눌렸을 때. 정말 무서웠습니다. 다시는 경험해보고 싶지 않을 정도로요.

41

거북이 걸음

———

2024.11.14.

2020년부터 2022년까지 참여했던 글쓰기 모임에서는 매주 한 편씩 짧은 소설—이라고 주장하지만 대체로 정체불명의 글—을 썼다. 보통 A4용지 서너 장 정도였고, 많을 때는 다섯 장 정도까지 쓴 적도 가끔 있었다. 회사에 다니며 그 정도 분량을 매주 썼으니 감탄할 만한 속도와 생산력이었다. 기억을 떠올려 보니 시간이 잠시라도 나면 무조건 노트북을 펼치고 소설을 쓰곤 했다. 출근하기 전에, 외근을 나가서 잠시 시간이 비었을 때, 퇴근 후에, 잠들기 전에, 그리고 주말에. 정말 어떻게 그럴 수 있었는지 놀라울 따름이다. 글쓰기를 향한 열정이 차고 넘치던 시절이었다.

그때는 소설이 무엇인지, 소설이 어떤 모양새를 가져야 하는지도 전혀 모른 채 그냥 무작정 쓰고 싶은 걸 썼다. 무식해서 용감했다고나 할까. 그때와 비교해 지금은 시간과 경험이 그래도 어느 정도 쌓이며 최소한의 감은 잡지 않았나 생각은 든다. 소설이 이런 것이구나. 이렇게 써야 소설이겠구나, 정도의 감. 달리 말하면 소설 쓰기의 이론적 지식을 조금 습득했다는 말이다. 그런데 이렇게 이론을 익혔더니—역설적으로—요즘 소설 쓰기가 더 어렵다. 분명 누군가는 이렇게 반문할 것이다. 쓰는 법을 알았는데 왜 어렵냐고. 실은 누구보다 내가 그렇게 묻고 싶다. 이론을 익혔는데 도대체 왜 써먹질 못하냐고.

예전에도 말한 적 있지만 난 야구를 정말 좋아한다. 보는 것뿐만 아니라 하는 것도 관심이 있어 이십 대 후반부터 사회인 야구팀 활동을 꽤 오래 했다. 그때 야구를 어떻게 하면 잘할 수 있을까 많이 고민했고, 이것저것 많이 찾아보면서 깨달은 사실이 하나 있다. 그건 바로 야구를 잘하기 위해선 신체 능력도 중요하지만, 이론적 지식도 반드시 뒷받침되어야 한다는 사실이었다. 그럼 이론을 머리로 완벽하게 습득하면 야구를 잘할 수 있을까? 물론 그렇지 않다. 강하고 빠른 공을 던지기 위한 방법—하체를 이용해 체중을 허리부터 어깨, 그리고 팔꿈치를 거쳐 손목까지 부드럽고 빠르게 전달하는 역학적 흐름—을 완벽히 이해했다고 해서 곧바로 강하고 빠른 공을 던질 수 없다. 정작 몸이 이를 제대로 구현하지 못한다면 아무런 소용이 없다. 이론과 함께 필요한 건 몸을 움직일 수 있는 기술이다.

갑자기 야구 얘기를 꺼낸 건 소설 쓰기도 이와 마찬가지 같아서다. 작법 이론에 아무리 빠삭해도 그것을 이야기의 적재적소에 알맞게 적용해 풀어낼 수 없다면 이론은 그저 이론으로만 기능할 뿐 아무런 도움도 되지 못한다. 습득한 이론을 내 머릿속 영감의 조각들과 결합해 흰 공백 위에 눈에 보이는 글로 쓸 수 있는 기술이 필요한 것이다. 처음 소설을 쓸 당시에는 이론도 몰랐고, 글 쓰는 기술이랄 것도 없었다. 정말 무식하게, 무턱대고 썼다. 그에 비해 지금은 이론을 조금이나마 익혔다. 강의도 들었고, 작법서도 읽어보았으며, 유튜브에서 관련 영상도 제법 봤다. 소설이라는 문학 장르가 가지는 특성이 조금씩 눈에 보였다. 앞서 감을 잡았다고 말한 건 이런 의미였다. 그런데 기술은 늘지 않았다. 4년 전과 비교해 별반 차이가 없다. 그러니 전보다 눈은 높아졌지만 실제로 쓰는 소설은 높아진 눈높이를 충족하지 못한다. 마음에 들 리 없고 답답하기만 하다. 요즘 소설 쓰기가 어느 때보다 어렵고 힘든 이유다.

그렇다면 소설 쓰는 기술은 과연 어떻게 늘릴 수 있을까? 정답은 없다. 그저 내가 생각하는—그리고 많은 이들이 말하는—방법은, 계속 쓰는 것이다. 소설이 안 써지는 데 계속 쓰라고 하니 정말 미치고 팔짝 뛸 노릇이지만, 아무리 생각해 봐도 다른 방법은 없다. 쓰는 것도 운동과 다르지 않아 머리로 이해한 이론을 지난한 연습의 과정을 거쳐 몸에 익숙한 기술로 만들어야 한다. 자연스럽게 이론을 기술로 실현할 수 있는 상태가 되어야 한다. 마음에 들지 않아도, 뒤죽박죽 엉망진창이어도 멈추지 말고 꾸준히 쓰다 보면 그렇게 될 수 있다고 믿는다.

쓰는 것도 운동과 다르지 않아
머리로 이해한 이론을 지난한 연습의 과정을 거쳐
몸에 익숙한 기술로 만들어야 한다.
자연스럽게 이론을 기술로 실현할 수 있는 상태가 되어야 한다.
마음에 들지 않아도, 뒤죽박죽 엉망진창이어도
멈추지 말고 꾸준히 쓰다 보면 그렇게 될 수 있다고 믿는다.

뛰어난 예술 활동을 하기 위해선 타고난 재능이 중요하다는 걸 부정할 수 없다. 소설도 예술이기에 마찬가지다. 타고난 사람은 딱히 이론을 몰라도, 기술이 없어도 멋진 소설을 척척 써낸다. 내가 만났던 소설 잘 쓰는 사람들 대부분이 그랬다. 하지만 난 그런 타고난 재능은 없다. 어쩔 수 없이 계속해서 공부하고 연습해야 한다. 재능이 없는 걸 억울해하며 투정 부려봐도 아무 소용이 없다.

그러니 난 거북이가 되어야 한다. 타고난 뒷다리로 껑충껑충 뛰어가는 토끼를 부러워하지 말고 멈추지 않고 꾸준히 걸어가야 한다. 경주에서는 결승선을 가장 먼저 통과하는 게 중요하지만, 지금 나에겐 앞에 있는 사람을 제치고 기록을 세우며 빨리 통과하는 건 전혀 중요하지 않다(그럴 수 없다는 것도 잘 안다). 그저 엉금엉금 거북이걸음일지라도 끝까지 걸어가 결승선을 통과하자. 어쩌면 너무 늦어 아무도 알아주지 않고, 아무도 축하해 주지 않을지도 모른다. 하지만 상관없다.

그 누구도 아닌 내가 원해서 시작한 레이스이고, 그 레이스를 완주했다는 자체만으로도 충분히 만족스럽고 행복할 테니까.

예전에 10㎞ 마라톤에 출전했을 때 전체 구간의 90% 정도를 걸어서 완주한 적이 있습니다(물론 평상시 걸음보다는 빠른 속도로). 그럼에도 참가자 평균 이상의 기록이 나왔죠. 응? 하고 놀랐던 기억이 있습니다.

겨울이 다가왔어요

———

2024.11.21.

지난주까지만 해도 기온이 따듯해 한낮에는 가벼운 옷차림으로도 충분했는데, 이번 주부터 날씨가 급변해 겨울이 불쑥 다가온 느낌이다. 왜 이렇게 갑자기 추워졌냐고 나도 모르게 엄살을 피웠는데, 생각해 보니 11월도 벌써 막바지에 다다랐으니 쌀쌀해진 날씨가 그렇게 이상할 것도 없다. 계절은 자신만의 속도로 때가 되어 자연스레 바뀌었을 뿐이다.

피부에 닿은 차가운 공기는 문득 작년 이맘때의 기억을 떠올리게 했다. 작년 11월 말, 난 회사 대표님께

퇴사하고 전업 작가를 시작하려 한다고 말했다. 12월까지는 회사에 다닐 생각이어서 조금 이른 감도 없지 않았지만, 적어도 퇴사 한 달 전에는 알리는 게 예의인 것 같았기 때문이다. 사실, 말하기 전까지 많은 시간을 혼자 걱정하고 두려워했다. 당당하게 말해야 하는데 괜히 겁먹어서 우물쭈물하면 어쩌나부터 시작해, 만약 대표님이 냉랭한 반응을 보이거나 퇴사를 반대하면 소심한 마음에 없던 일로 해버리지 않을까 하는 걱정까지. 잔뜩 긴장한 채 대표님을 마주하고 마침내 내 계획을 말했을 때, 내 걱정과 두려움이 무색하게도 대표님은 놀라워하고 반가워하며 나의 결정을 지지해 주셨다. 내가 소설을 쓰고 있다는 사실을 처음 알게 된 대표님은 왜 이제야 말했냐며 멋지다고, 분명 잘할 거라고 말씀해 주셨다.

애초부터 내 결정에 자신이 있었다면 대표님 반응이 어떠하든 걱정할 필요도 없었을 테지만, 당시에 난 그렇지 못했다. 내 결정이 과연 옳은 건지 확신도 부족했고, 그래서 누군가로부터 부정적인 말을 들으면 흔들릴까 봐 불안해했다. 다른 어떤 말보다 넌 틀리지 않았다는 절대적인 응원과 지지의 메시지를 간절히 듣고 싶었다. 물론 대표님께 그러한 말을 기대한 건 아니었다. 그저 "알겠어요"라는 한마디만 들었어도 가슴을 쓸어내리며 우선 됐다고 안도했을 것이다. 그런데—적어도 내가 느끼기엔—진심 어린 표정과 말투로 내 결정을 응원해 주는 말씀을 해주셨으니 나에겐 정말 큰 위안과 힘이 되었다.

그리고 그날 밤, 난 정말 감사하게도 또 다른 누군가로부터 내 결정을 진정으로 기뻐하고 환영하는 따듯한 마음을 느낄 수 있었다. 그날은 내가 글쓰기를 시작한 곳이자 어떻게 보면 나를 소설 쓰는 사람이 되게끔 결정적인 역할을 한 서점의 사장님과 저녁 식사 약속이 있는 날이었다. 부쩍 차가워진 바람을 맞으며 그와 난 식사 장소로 이동해 제철 방어회를 안주 삼아 술잔을 주고받았고, 난 그에게 오늘 회사에 퇴사를 말했다고 했다. 내가 전업 작가를 고민하고 있다는 걸 전부터 알고 있던 그는—정말 문자 그대로—두 팔 벌려 나의 결정을 환영해 주었다. 자기 일인 것처럼 크게 기뻐하는 모습에 처음엔 당황스럽기도 했는데, 누구보다 진심인 걸 알았기에 그의 말과 표정, 행동은 나에게 온전한 응원으로 다가왔다.

사실, 그날 이후 나와 가까운 사람들에게 내 결정을 얘기했을 때 걱정한다거나 부정적인 반응을 보였던 사람은 단 한 명도 없었다. 물론 그저 의례적으로 축하해 주고 응원해 줬을 수도 있다. 그랬다 하더라도 그 말들은 당시 나에게 충분한 힘이 되었고, 불확실한 가운데서도 내 결정을 믿고 나아갈 수 있도록 해줬다. 그러고 보면 지금 나의 모습은 겨울이 이제 막 찾아왔던 1년 전, 주변 사람들이 내게 건넸던 용기와 믿음을 전하는 모든 말—축하해, 멋지다, 잘할 수 있어—로부터 시작된 건지도 모르겠다.

그로부터 1년이 지났고, 난 다행히도 아직 전업 작가 생활을 유지하고 있다. 1년 전 난 많은 목표를 세웠는데 그중엔 이룬 것도 있고, 아직 이루지 못한 것도 있다. 올해 나에겐 예상치 못한 기회가 주어지기도 했고, 어떤 일에서는 내 기대에 미치지 못하는 결과를 받기도 했다. 전업 작가를 시작하면서 난 주변 사람들에게—심지어 아내에게도—우선 1년만 해보겠다고 했다. 하지만 그 말은 전혀 마음에 없는 소리였다. 그들이 괜히 불안해할까 봐 걱정돼서 했던 거짓말이었다. 난 앞으로도 계속해서 소설을 쓸 것이고 아직 이루지 못한 것들은 내년, 내후년, 혹은 언젠가는 이루고야 말 것이다. 지금에 와서 이런 말을 듣는다면 주변 사람들이 어떤 반응을 보일지 잘 모르겠다. 부디 바라는 건, 1년 전 그때처럼 나를 믿어주고 온기 어린 응원과 지지를 보내주었으면 한다. 그러면 난 불안과 의심 속에서도 내 품 안에 소중히 간직될 그 온기에서 계속 나아갈 힘을 얻을 수 있을 것 같다.

계절은 어느새 가을에서 겨울로 넘어가고 있다. 난 계절 중에서 겨울을 좋아한다. 물론 엄혹한 추위는 견디기 힘들 때도 있지만, 그렇기에 따스하고 포근한 느낌이 더 소중해지는 겨울이 좋다. 하얗게 세상을 덮는 눈도, 따뜻한 이불 속에서 까먹는 귤도 내가 겨울을 좋아하는 이유다. 그리고 내가 겨울을 좋아하는 또 다른 이유는 바로 한 해의 끝과 또 다른 한 해의 시작이 모두 겨울에 있기 때문이다. 내게 겨울은 끝나고 정리되는 계절이자, 다시 새롭게 시작되는 계절이다. 끝이 마지막이 아니라 새로운 시작으로 연결된다는 건 왠지 모르게 뭉클하고 감사하다. 그리고 무엇보다 다행스럽다. 그래서 난 겨울을 좋아하고, 그렇게 겨울을 맞이한다.

전 과일 중에 귤을 무척 좋아합니다. 한 번에 서너 개씩 먹는 건 기본이죠. 박스째 사서(보통 2㎏) 먹곤 하는데, 너무 금방 사라져서 "벌써 다 먹었다고?" 놀라곤 합니다.

내게 겨울은 끝나고 정리되는 계절이자,
다시 새롭게 시작되는 계절이다.
끝이 마지막이 아니라 새로운 시작으로 연결된다는 건
왠지 모르게 뭉클하고 감사하다.
그리고 무엇보다 다행스럽다.

소설을 쓰기 위한 믿음

―――――――

2024.11.28.

소설을 쓰고 나면 가장 걱정되기도 하고 궁금하기도 한 건 바로 내가 쓴 소설이, 내가 쓴 문장이 과연 읽는 사람에게 공감될 수 있는가이다. 내 소설들은 보통 너무나 사적이고 불안정한 나의 기억과 감정이 주요 소재가 되곤 하기에(특히 초기 소설들이) 독자들이 공감하지 못하거나 심할 경우 거부감을 느끼지는 않을까 노심초사하곤 한다. 물론 이런 걱정의 가장 주요한 원인은 소설 쓰는 실력이 아직 부족해서일 것이다. 좋은 소설을 쓴다는 건 수많은 독자에게 다가가 그들 각자에게 어떠한 울림을 주는 이야기를 잘 쓴다는 것일 테니.

얼마 전 작업 공간을 지원해 주는 문화재단으로부터 평소 교류하던 지역 예술가들을 상대로 특별한 시간을 가져 보자는 제안을 받았다. 내 소설 속 문장들을 예술가들과 함께 나눠보는 시간을 가져 보자는 거였다. 이전에 작업실 오픈 스튜디오 행사 때 주민들을 대상으로 비슷한 형태의 행사를 해보기도 했고, 나라는 작가와 내 소설을 알릴 기회였기에 흔쾌히 수락했다. 날짜와 시간이 바로 정해졌고, 나는 준비를 시작했다.

행사에서 나눌 문장을 고르고 전시 형태를 기획하고 있으려니 어김없이 걱정과 의심이 들기 시작했다. 사진을 찍고, 전통 음악을 공연하고, 시각 예술과 연기를 하고, 극을 연출하는 등 각자의 분야에서 활발히 활동하는 동료 예술가들에게 내 문장이 아무런 감흥도 주지 못하면 어쩌지, 그들에게 내 문장이 너무 순진하거나 유치하진 않을까, 같은 생각이 꼬리를 물고 떠올랐기 때문이다. 불안한 만큼 최선을 다해 준비한다고는 했지만, 행사 당일이 되니 걱정은 더 커지고 긴장되는 건 어쩔 수 없었다. 시작할 시간이 다가오면서 추운 날씨에도 불구하고 하나둘 동료 예술가들이 행사 장소에

도착했고, 그들이 나를 바라보며 앉아 있는 모습을 마주하니 행사고 뭐고 어딘가로 냅다 도망쳐버리고도 싶었다. 하지만, 당연하게도 그럴 순 없었다.

드디어 시간이 되었고, 난 최대한 차분한 척하며 준비한 말을 풀어놓았다. 벽에 전시된 소설 속 문장을 찬찬히 살펴본 뒤 자신의 기억이나 경험과 연결된 문장을 골라 그 이야기를 들려달라고 했다. 어떻게 보면 굉장히 성가신 일이었을 것이다. 자리에서 일어나 문장을 일일이 살펴보는 것도 귀찮은데, 그중 하나를 골라 그에 관한 개인적인 얘기까지 해달라 했으니 그다지 내키지 않았을지도 모른다. 난 조마조마한 마음으로 그들을 바라보았다.

하지만 걱정과 다르게 그들은 싫은 내색 하나 없이 주어진 시간 동안 한 문장 한 문장 진지하게 읽었다. 그리고 다시 자리로 돌아와 한 사람씩 자신이 선택한 문장을 읽고, 그와 관련된 이야기를 들려주었다. 누군가는 언젠가 다가올 생의 마지막 순간이 아름답고도 마법 같은 봄날의 순간을 묘사한 문장「멋진 하루」 중. 『여름의 한가운데』 p.72처럼 평화로웠으면 좋겠다고 했고, 누군가는 자기가 하고 싶은 일을 선택한 것에 의심이 들기도 했는데, 그런 선택은 아무나 할 수 없다는 문장「순간을 믿어요」 중, 『당신의 판타지아』 p.198이 응원으로 다가와 자신의 선택을 다시 확신하게 되었다고 했다. 또 다른 누군가는 평소 심리적으로 힘들 때 자기도 모르게 청소에 집착하곤 했는데, 의식처럼 다림질을 하며 마음의 평안을 얻는 인물을 그린 문장「경수의 다림질」 중, 『당신의 판타지아』 p.62을 보고 본인에게도 청소가 그런 의식의 일종이었던 것 같다며 소중함을 몰랐던 걸 알게 해 줘서 고맙다고 했다.

그들의 이야기는 활동 분야나 성취의 크기와 관계없이 여기에 모인 우리가 모두 비슷한 형태와 무게의 걱정과 고민을 안고 있다는 걸 깨닫게 해 줬다. 그리고 그러한 걱정과 고민에도 불구하고 오롯이 자신을 믿으며 단단한 마음을 지켜나가고 있다는 것 또한 알려주었다. 길지 않은 시간 동안 우리는 각자의 분야에서 활동하며 갖게 되는 불안과 의심을 솔직하게 공유했고, 그에 굴하지 않는 신념을 한 번 더 함께 확인하고 다짐했다. 그러한 순간에 내 소설 속 문장이 함께였다는 사실이 나에겐 너무나 경이롭고도 뭉클하게 느껴졌다.

∾

　내 소설이 독자들에게 과연 어떻게 다가갈까, 라는 걱정은 소설을 쓰는 이상 절대 끝나지도 사라지지도 않을 것이다. 내 소설이 모든 독자에게 유의미한 울림을 전할 수는 없다. 누군가는 비난할지도 모르고, 누군가는 한심하게 여길 수도 있다. 그래도 나는 믿고 쓰는 수밖에 없다. 팍팍하고 힘겨운 일상에서 작지만 다정한 위로의 순간을 원하는 사람들이 있다는 것을. 선명히 보이지 않는 불확실한 미래이지만 자신을 오롯이 믿으며 어떻게든 나아가는 사람들이 있다는 것을. 그리고 어쩌면 내 소설이 그들에게 미약하나마 도움이 되는 위로와 응원을 전해줄 수 있을지도 모른다는 것을. 비록 그 가능성이 크지 않더라도 난 믿을 수밖에 없다. 아니, 믿는다. 믿지 못한다면 난 아무것도 쓸 수 없다.

소설 속 좋은 문장을 전시하는 행사가 있어도 괜찮겠다는 생각을 했습니다. (이미 있나요?)

그래도 나는 믿고 쓰는 수밖에 없다.

팍팍하고 힘겨울지 모를 일상에서

작지만 다정한 위로의 순간을 원하는 사람들이 있다는 것을.

선명히 보이지 않는 불확실한 미래이지만

자신을 오롯이 믿으며 어떻게든 나아가는 사람들이 있다는 것을

그리고 어쩌면 내 소설이 그들에게 미약하나마 도움이 되는

위로와 응원을 전해줄 수 있을지도 모른다는 것을.

독립출판 장돌뱅이 3

2024.12.05.

나는 올해 2월 마포에서 열린 〈각양각책북페어〉
를 시작으로 지난 12월 1일 부산에서 열린 〈마우스북
페어〉까지 1년 동안 모두 14개의 북페어에 참여했다.
참여일 수가 총 32일이니, 2월부터 11월까지 열 달 중
한 달은 북페어 행사장에서 책을 팔고 있었던 셈이다.
행사 장소는 서울의 홍대, 남산, 성수, 코엑스를 비롯
해 안산, 대전, 구미, 광주, 대구, 부산까지 전국 각지
였고, 이를 위해 이동한 거리는 직선거리로 어림잡아
도 4,000㎞가 넘는다. 비행기를 타도 5시간 가까이 걸
리고, 자동차로 이동한다면 시속 100㎞의 속도로 쉬지

않고 달려도 이틀 가까이 걸리는 어마어마한 거리이다. 직장인으로 살 때는 업무 때문에 서울을 벗어날 일이 거의 없었던 난, 전업 작가 생활을 시작한 이후 전국을 돌아다니고 있다.

　많은 북페어에 참여한 만큼 이런저런 다양한 경험을 했다. 〈서울국제도서전〉에서는 예상을 훨씬 뛰어넘는 판매량도 기록해 보았고, 〈부산북앤콘텐츠페어〉에서는 준비했던 도서를 모두 판매하는 소위 '완판'을 경험하기도 했다. 그런가 하면 3일 동안 단 한 권도 팔지 못한 행사도 있었다. 방문객으로 인산인해를 이뤘던 행사가 있던 반면, 방문객보다 셀러 수가 많은 행사도 있었다. 참여한 셀러를 제대로 챙기지 않는 행사도 있었고, 이렇게까지 챙겨줄 필요가 있을까 싶을 정도로 극진한 대접을 받은 행사도 있었다. 이렇게 극과 극을 오가는 행사를 겪으며 기분도 만족과 불만족, 행복과 불쾌를 마구 오락가락했다. 요동치는 감정에 힘들어하며 깨달은 점이 하나 있다면, 무엇보다 중요한 건 마음가짐이라 욕심과 기대를 내려놓고 초연해져야 한다는 것이었다.

북페어에서 예상치 못했던 많은 격려와 응원을 받기도 했다. 따로 연락하지 않았는데도 어떻게 알고 행사장에 찾아온 지인들, 그리고 온라인에서만 만나다 행사장에서 만난 문우들은 나를 진심으로 축하해 주며 응원의 말을 건네주었다. 내 책 한 권을 사 간 후 너무 좋았다며 다시 찾아와 다른 책을 산 분이나, 가만히 책을 보시다가 문장이 좋다며 4종을 한꺼번에 산 분은 그 행위 자체로 내게 큰 힘을 주었다. 그리고 일일이 열거할 수 없지만 내 책을 눈여겨보시고, 펼쳐보시고, 읽어주시고, 구매해 주신 수백 명의 감사한 분들이 계셨다. 사실 북페어는 기다림의 연속이다. 나처럼 낯을 많이 가리고 먼저 다가가지 못하는 사람에겐 더더욱 그렇다. 기다림의 시간은 필연적으로 피로감과 무력감을 수반하기도 하며, 어떤 때는 자괴감에 빠지게 만들기도 한다. 그런 시간을 무사히 견뎌낼 수 있었던 건 다름 아닌 이러한 모든 분의 다정한 마음 덕분이다.

한 북페어에서 예기치 못한 만남은 내게 계속해서 소설을 쓰게 만드는 용기, 그리고 써야만 하는 의지를 북돋아 주기도 했다. 얼마 전 부산에서 열린 북페어에서 있던 일이다. 내 부스에서 책을 구경하던 한 여성이 사실 내 책 중 한 권을 독립서점에서 구매해 읽어보았는데 좋았고, 그래서 다른 책도 사고 싶어 왔다고 말했다. 나는 기쁜 마음으로 감사를 전하며 그녀에게 나의 다른 책을 추천해 주었다. 추천받은 책을 사서 떠났던 그녀가 잠시 후 웬일인지 다시 부스를 찾아왔다. 의아한 표정을 짓고 있는 내게 그녀는 수줍은 표정으로 이 말을 전해주고 싶어 왔다고 했다. 사실 자신은 예전에 소설을 많이 읽었지만 언젠가부터 흥미가 사라져 한동안 소설을 읽지 않았다고. 그러다가 내 소설을 읽은 후 흥미가 생겨 다시 소설을 읽기 시작했다고. 내 소설 덕분에 다시 소설을 좋아하게 되었다고.

일부러 다시 찾아와 전해준 말은 어쩌면 그녀에겐 단지 감사의 인사 정도였을지도 모른다. 하지만 나에겐 마음속에서 영원히 변치 않고 반짝일 빛이 되어 남았다. 언젠가 내가 방황하거나 헤매는 순간이 왔을 때 그 빛은 망막한 사막의 밤하늘에 떠 있는 작지만 밝은 별처럼 소설을 향한 내 마음이 길을 잃지 않게끔 인도해 줄 것이다.

1년간 정말 열심히 장돌뱅이 생활을 했다. 북페어에서 마주한 아쉬웠던 순간, 행복했던 순간, 슬펐던 순간, 그리고 기뻤던 순간은 모두 뜻깊은 경험이자 자산이 되었다. 워낙 소심한 성격 탓에 부스에만 있던 내게 먼저 찾아와 인사를 건네준 동료 창작자들은 너무나 고맙고 소중한 인연으로 남았고, 처음 들어보는 무명작가의 소설을 망설임 없이 선택해 주고 기꺼이 응원해 준 선의는 오래도록 마음속에 간직해야 할 온기 어린 다정함으로 기억되었다. 이 모든 것이 장돌뱅이였기에 누릴 수 있었던 축복이다.

북페어에 동행했던 동료와 자주 이런 이야기를 나누었다. 내년에는 올해 경험을 바탕으로 참가하는 북페어에 선택과 집중을 해야 할 것 같다고. 불만족스러웠던 북페어는 참가를 재고해 보자고. 투자되는 시간과 비용, 노력을 생각하면 성과가 좋은 북페어를 선별해서 참가하는 게 당연하다. 하지만 막상 선택의 순간이 오면 분명 난 쉽게 선택하지 못하고 고민할 것 같다. 아쉽고 힘들었던 기억보다는 기쁘고 행복했던 기억이 더 많으니까. 판매량의 많고 적음보다는 단 한 분이었더라도 내게 전해주는 온기가 나에겐 더 중요하니까.

그렇다. 분명 난 다가오는 2025년에도 내가 참가할 수 있는 모든 북페어에 참가할 것이다. 힘들고 괴로운 기다림의 시간을 다시 한번 기꺼이 받아들이려 한다. 그 시간이 나를 더 단단하고도 충만한 마음으로 존재하고 쓰게 만든다고 믿기 때문이다. 독립출판 장돌뱅이의 삶, 그건 바로 소설을 쓰는 나의 삶이다.

2025년에도, 아마도 그 이후에도 독립출판 장돌뱅이의 삶은 계속될 겁니다. 독립출판 북페어만의 매력을 거부하긴 쉽지 않으니까요.

분명 난 다가오는 2025년에도
내가 참가할 수 있는 모든 북페어에 참가할 것이다.
힘들고 괴로운 기다림의 시간을 다시 한번 기꺼이 받아들이려 한다.
그 시간이 나를 더 단단하고도 충만한 마음으로
존재하고 쓰게 만든다고 믿기 때문이다.

45

그렇게 소설을 쓰고 싶다

———————

2024.12.12.

수원의 한 서점에서 내가 진행을 맡아 4주간 진행했던 소설 쓰기 모임이 며칠 전 네 번째 모임을 끝으로 마무리되었다. 처음 제안을 받았을 때 과연 내가 누군가에게 도움을 주고 이끌만한 역량이 될까 고민도 했지만, 흔하게 오지 않는 기회를 놓치고 싶지 않아 용기 내어 수락했다. 과감하게 시작하지 않으면 언제까지 주저하고 겁내기만 하며 영영 시도하지 못할 것 같다는 두려움도 나를 적극적으로 움직이게 만든 큰 이유였다.

잘할 수 있을까 걱정이 컸는데, 다행히도 무사히

종료되었다. 긴장과 두려움을 극복하기 위해 나름 열심히 준비하기도 했지만, 모임이 끝까지 무탈하게 진행될 수 있었던 건 무엇보다 참여한 분들의 성실함과 진정성, 그리고 소설을 향한 애정이 있었기에 가능했다. 그들은 소설로 쓰고 싶은 자기만의 이야기를 이미 갖고 있었고, 그 이야기를 소설로 쓰기 위해 어떻게 서사를 이끌어가야 하는지도 알고 있었다. 물론 모두 인생 처음으로 쓴 소설이었기에 기술적인 면에서 미숙하고 서투른 점도 있었다. 하지만 중요한 건, 자기만의 고유한 목소리를 소설에 담아내었다는 점이었다. 나는 내심 많이 놀랐고, 적지 않게 감명을 받았다.

마지막 모임을 마치는 날, 나는 그들에게 소설을 쓰는 동안 어떠한 느낌을 받았는지 물었다. 각자가 느꼈던 여러 감상을 나눴는데, 그중에서 모두 공통으로 언급한 말이 있었다. 그건 바로, 소설을 쓰는 동안 재미있었다는 것. 고민도 많았고 힘들기도 했지만, 하고 싶은 이야기를 한 줄 한 줄 써나가는 시간이 정말로 재미있었다고 했다. 그들의 대답을 듣고 나니 기억 속 까마득히 깊은 곳에 가라앉아 있던 내가 처음 소설을 썼던 시기가 떠올랐다.

　선명하게 기억난다. 매주 한 편씩 짧은 소설을 쓰던 그때가. 그때 난 우연히 시작한 글쓰기 모임에서 뭣도 모르고 소설을 쓰기 시작했는데, 어느 순간부터 소설을 쓰는 시간은 나에게 가장 설레고 재밌는 시간이 되었다. 마감에 쫓겨 무슨 이야기를 써야 할지 고민할 땐 괴롭기도 했지만, 마침내 한 편의 소설을 완성하고 나면 그 괴로움은 어느새 나도 모르게 즐거움으로 치환되어 있곤 했다. 순수한 재미와 즐거움으로 가득했던 시간. 당시 소설을 쓰는 시간은 내게 그러했고, 그랬기에 난 계속 소설을 썼다.

　시간이 꽤 흐른 지금은 어떠한지 자문해 본다. 난 지금도 소설을 쓰는 동안 순수한 재미와 즐거움을 느끼고 있는가? 안타깝게도 선뜻 그렇다, 라는 대답이 자신 있게 나오진 않는다. 언제부터인가 소설을 쓰는 시간은 내게 부담으로 다가오기 시작했다. 아마도 본격적으로 독립출판 활동을 시작하면서부터, 그래서 매년 신작을 발표하면서부터 그러지 않았나 싶다. 이제는 순수한 재미와 즐거움만을 느끼며 소설을 쓰지 않는다. 아니 쓸 수 없다고 말하는 게 더 솔직한 표현일 것 같다. 어떻게 하면 더 멋진 소설을 쓸 수 있을지, 어떻게 하면 독자들에게 더 좋은 평가를 받을지, 그리고 어떻게 하면 더 많이 읽힐지만을 고민하고 신경 쓰며 소설을 쓴다. 그 시간은 종종 나를 무겁게 짓누르고 단단하게 옭아매 숨 막히게 만들기도 한다.

그래도 그 시간을 두려워할지언정 피하고 싶은 마음은 없다. 내가 전업 작가의 길을 선택한 이상 감내해야만 하는, 받아들여야만 하는 시간이란 걸 잘 안다. 물론 예전처럼 순수한 재미와 즐거움을 느끼는 순간이 사라진다는 게 분명 아쉽기도 하다. 그렇지만 나는 이렇게 믿어보려 한다. 내가 과거로부터 느끼는 아쉬움의 크기만큼 현재의 난 성장한 거라고. 아쉬움을 흘려보내고 내가 쌓아가는 고민과 불안의 높이만큼 난 더 높이 그리고 더 멀리 나아갈 거라고.

초심(初心)이라는 말이 있다. '처음에 먹은 마음'이라는 뜻의 이 단어는 어떤 일을 시작할 때 품었던 다짐을 말할 때 사용되곤 한다. 소설 쓰기 클래스 마지막 모임에서 참여자들에게 들었던 소설 쓰는 동안 재밌었다는 말을 가만히 되뇌다 문득 생각해 보았다. 내가 본격적으로 소설을 쓰고 책을 출간하기 시작했던 당시 나의 초심이 무엇이었는지. 그러고 보면 재밌다는 건, 즐겁다는 건 단지 소설을 쓸 때 느꼈던 감정이지 계속 지켜나갈 나의 다짐은 아니었다. 내가 그때 했던 다짐은, 내 마음속에 새겼던 초심은 바로 '꾸준히 소설을 쓰자'였다. 내 첫 소설집의 마지막에 실린 작가의 말은 이런 문장으로 끝난다.

그리고 그렇게 내일을 살아갈 수 있기를 바란다. 지금과 같이 꾸준하게 소설을 쓰면서 말이다.
_작가의 말 중(『당신의 계절이 지나가면』, 2021)

내가 지금 소설을 대하는 마음가짐은, 소설을 쓰는 시간 동안 느끼는 감정은 분명 처음 소설을 쓰기 시작했던 4년 전과 많이 달라졌다. 그 변화가 옳은지 그

른지는 제대로 판단할 수 없다. 아쉬울 때도 있지만, 어쩔 수 없다고도 여긴다. 하지만 내가 4년 전 했던 다짐은, 나의 초심은 아직 변하거나 사라지지 않았다. 시간이 흘러도 변치 않는 초심을 간직한다는 게 꼭 좋기만 한 건지는 잘 모르겠고, 시간과 상황의 흐름에 따라 때로는 유연하게 변하는 게 더 쓸모 있지 않나 생각도 든다. 그렇지만 적어도 아직은 나의 초심을 바꾸고 싶진 않다. 지금껏 꾸준히 소설을 썼다는 것이 다행스럽고, 자랑스럽고, 그래서 더없이 기쁘다.

앞으로도 계속해서 이 기쁨을 만끽하고 싶다. 부담과 압박으로 다가오더라도 흔들리지 않고 결연하게 견뎌내며 꾸준하게. 그렇게 소설을 쓰고 싶다.

소설 쓰기 모임을 하면서 글 잘 쓰는 분들이 참 많다는 걸 또 한 번 느꼈습니다. 처음 소설을 쓰는 분들인데 제가 처음 썼던 소설보다 더 잘 쓰시더라고요.

그렇지만 적어도 아직은 나의 초심을 바꾸고 싶진 않다.
지금껏 꾸준히 소설을 썼다는 것이
다행스럽고, 자랑스럽고,
그래서 더없이 기쁘다.

46

모두 대단하다

2024.12.19.

날씨가 추워지면서 겪는 가장 고역 중 하나는 바로 아침에 잠을 깨 이불 밖으로 나오는 일이다. 밤새 체온으로 따듯하게 데워진 이불 속에서 빠져나오는 건, 노릇노릇 바삭한 프라이드 치킨을 먹으면서 시원한 생맥주를 참는 것만큼이나 어려운 일이다. 그러다 보니 요즘 계속 일어나는 시각이 늦어진다. 매일 아침 울리는 스마트폰 알람을 반사적으로 끄고 딱 5분만을 다짐하며 이불 속으로 더 깊게 파고드는 순간 10분, 20분, 심지어 한 시간이 훌쩍 지나간다. 원래 일어나려 했던 시각보다 한참 지난 걸 확인한 후 한숨과 함께 겨우겨우 이불에서 나오는 아침이 요즘 반복되고 있다.

　상황이 이렇다 보니 작년까지 아침 일찍 일어나 회사에 다녔다는 사실이 믿기지 않는다. 하긴 지금 생각해 보면 회사 생활할 때 어떻게 그럴 수 있었는지 신기한 게 한두 가지가 아니다. 매일 아침 사람으로 미어터지는 지하철에 가까스로 몸을 구겨 넣어 사무실에 출근했고, 잘 알지도 못하고 하기도 싫은 업무를 과정이 어찌 됐든 겨우겨우 해냈다. 업무상 만나는 사람 중에는 마음에 안 드는 사람도 분명히 있었지만, 그런 사람들에게도 웃으며 머리를 조아렸다. 그땐 그저 최대한 내색하지 않고 참아냈다. 이 정도는 당연하다고 여기며 견뎌냈다. 그래야만 했다.

　퇴사 이후 전업 작가를 시작하면서 나에겐 엄청난 자유가 주어졌다. 정해진 출퇴근 시간도 없고, 일도 내가 하고 싶은 대로 하면 된다. 적어도 아직은 업무적인 인간관계로 힘든 적도 없다. 단지 수익이 형편없이 줄긴 했지만, 그것만 빼면 일반 직장인들이 부러워할 만한 나날의 연속이다. 그러다 문득 이렇게 늘어난 여유와 자유 속에서 마냥 편하게만 보내서는 안 된다는 생각이 들었다. 여차하면 끝없이 흐트러지고 늘어질 것만 같았기 때문이다. 그래서 나름 스스로 강제성을 부여하기 위해 나만의 루틴과 시스템, 달리 말하면 규칙과 기준 만들기에 공을 들였다. 기상 시간, 작업량, 운동, 외부 일정, 휴식 등을 정해진 틀대로 맞추려 노력했다. 수많은 시행착오를 거치며 어떤 건 어느 정도 틀이 잡혔고, 어떤 건 전업 작가 생활 1년을 앞둔 지금도 틀을 잡아나가는 중이다.

사실, 틀을 잡은 것보다는 기상 시간을 포함해 아직 제대로 된 틀을 못 잡은 것들이 더 많다. 글 쓰는 시간이나 분량도 불규칙하고 식사 시간, 휴식 시간, 수면 시간 등 기본적인 생활 리듬도 들쑥날쑥하다. 스스로 강제성이 있는 틀을 만들어 삶을 통제한다는 게 말처럼 쉽지 않았다. 회사에 다닐 땐 강제적인 규칙이 있고 싫어도 그것을 따를 수밖에 없었지만, 혼자가 된 지금은 아무도 나를 신경 쓰고 챙겨주지 않는다. 오로지 스스로 나를 만들어가야 한다. 그만큼 어렵기도 하고 때때로 지치기도 한다. 하지만 어쩌겠는가. 내가 좋아서 시작한 삶인데.

❧

며칠 전 대학 동기로부터 전화가 왔다. 지난 12월 초에 송년회도 할 겸 동기 및 선후배들과 만나기로 한 자리에 갑작스러운 사정이 생겨 불참했는데, 동기는 고맙게도 그때 못 들었던 내 안부도 물을 겸 겸사겸사 전화한 거였다. 서로 이런저런 근황을 나누다 친구가 물었다. 전업 작가 생활은 어떠냐고. 이제 1년 가까이 지났는데 생각한 대로 잘 되고 있냐고.

전화로 자세히 설명하기는 애매해서 난 그냥 그럭저럭하고 있다고 얼버무리듯 답해버렸다. 내 대답에 친구는 아마도 내가 그다지 녹록하지 않은 상황이라는 걸 느꼈을지도 모르겠다. 친구가 말했다. 그래도 하고 싶은 거 하면서 사는 네가 멋지다고. 대단하다고. 난 친구의 말을 얼른 반박했다. 아니라고. 정말 대단한 건 너라고. 일주일에 기본 5일을 정해진 시간에 출근해서 정해진 시간 동안 일하고 정해진 시간에 퇴근하다니, 그게 정말 어렵고 힘든 거라고. 다시 하라면 난 못한다고.

솔직한 내 심정이었다. 늘어난 자유를 제대로 이용하지 못하고 허덕거리는 것보다는, 참고 견디며 회사 생활을 하는 게 훨씬 더 어렵고 대단한 일이라고 생각한다. 나도 경험해 봤기에 아는 어려움이고 대단함이다. 내 말에 친구는 싱겁게 웃으며 회사 생활이 뭐 다 그렇지, 했다. 그리고 이렇게 말했다.

"그래도 원하던 일을 위해 쉽지 않은 결정을 내리고 주도적으로 하는 거 보면 부러워. 직장인 대부분이 자기가 뭘 하고 싶은지도 잘 모른 채 그저 타성에 젖어 일하는데, 넌 스스로 원하는 길을 걷고 있잖아. 그러니 대단한 거 맞아. 그렇게 하는 거 정말 어려운 거거든."

어쩌면 친구의 말도, 내 말도 모두 맞을지 모른다. 어디에서 무얼 어떻게 하든 우리는 이미 모두 각자의 자리에서 대단한 일을 하고 있다. 좋아하는 일을 위해 아등바등하는 것도, 똑같이 반복되는 무료한 일상을 묵묵히 견뎌내는 것도 모두 대단하다. 그렇다고 스스로

어디에서 무얼 어떻게 하든
우리는 이미 모두 각자의 자리에서 대단한 일을 하고 있다.
좋아하는 일을 위해 아등바등하는 것도,
똑같이 반복되는 무료한 일상을 묵묵히 견뎌내는 것도
모두 대단하다.

믿고, 그렇다고 상대방을 인정해 주자. 그러다 보면 언젠가는 정말 대단해질 수 있다. 나, 그대, 우리 모두.

20년 가까이 피웠던 담배를 완전히 끊은 친구가 있습니다. 주변에서 다들 대단하다고 하더군요. 전 담배를 피우지 않아 잘 모르지만, 어쨌든 그렇게 오래 해온 걸 완전히 그만 둔다는 건 대단한 게 맞는 것 같습니다.

환희의 송가

——————

2024.12.26.

나에겐 연말이 되면 한 해를 마무리하는 특별한 습관이 있는데, 바로 오케스트라 공연 관람이다. 공연 프로그램은 항상 똑같다. 베토벤 교향곡 9번Symphony no.9 in D minor, op.125, Beethoven, 〈합창(Choral)〉이라는 이름으로 널리 알려진 곡이다. 연말마다 공연장에서 이 곡을 들은 지 벌써 10년도 넘은 것 같다. 이제는 이 곡을 들어야지만 한 해를 마무리한다는 느낌이 들 정도이다.

이 곡은 연말 클래식 공연의 대표 레퍼토리다. 아마도 곡의 4악장 때문일 텐데, 4악장은 살면서 한 번은

들어봤을 유명한 멜로디로 성악과 함께 곡의 제목처럼 대규모 합창단의 합창이 등장한다. 가사는 인류애와 형제애, 그리고 화합을 통한 환희를 노래한 프리드리히 실러의 시 〈환희의 송가(Ode An die Freude)〉에서 가져왔다. 가사는 이렇게 시작한다. "오 벗들이여, 이 소리가 아니오! 대신 더욱 즐겁고 기쁨에 찬 노래를 부릅시다. 기쁨!" 마치 1년 동안 수많은 일이 있었지만 한 해를 보내는 지금 이 순간만큼은 새로운 기분으로 희망을 노래하자는 것처럼 들린다. 연말에 잘 어울리는 메시지이다.

올해도 이제 일주일이 채 남지 않았다. 설렘과 두려움으로 2024년을 시작한 게 엊그제처럼 생생한데 어느덧 2025년을 앞두고 있다니. 항상 느끼는 거지만, 시간이 흘러가는 속도는 무서울 정도로 빠르다. 어떻게든 늦추고 싶고 되돌리고 싶지만 불가능하기에 매 순간 최선을 다해 집중해야 한다는 사실을 한 해가 마무리되는 지금에 이르러서야 다시금 깨닫는다.

안 그랬던 해가 있었나 싶지만, 돌아보면 2024년

은 여러모로 다사다난했던 한 해가 아니었나 싶다. 지금까지 내 인생에서 가장 기억에 남는 해를 꼽아본다면, 아마 다섯 손가락 안에 들지 않을까. 그 정도로 많은 일이 있었지만, 전업 작가의 삶이라는 미지의 길에 과감하게 발을 들여놓은 순간이 무엇보다 기억에 남는다. 덕분에 내 마음속엔 한 해 내내 기쁨과 설렘, 불안과 두려움이 뒤섞인 격랑이 거세게 휘몰아쳤고, 그 어느 해보다 파란만장한 시기를 보냈다. 많은 경험을 했고, 그러면서 나의 가능성과 한계를 깨달았다. 이리저리 수도 없이 부딪쳤고, 그러면서 금이 가거나 깨지기도 했다. 그래도 악착같이 버둥거렸다(아마 앞으로도 오랜 시간 버둥거릴 것이다). 쉽지 않았던 시간이었지만 다행히도 전업 작가로 살며 내가 이 삶을 정말 사랑한다는 것을, 간절히 원한다는 것을 깨달았다. 그리고 앞으로도 계속해 나갈 수 있다는 믿음을 갖게 되었다.

슬프고 안타까웠던 일로도 2024년은 절대 잊지 못할 한 해로 기억에 남게 되었다. 지난 8월 나와 아내는 오랜 시간 바랐던 임신에 성공해 다가오는 2025년에는 이제껏 경험해 본 적 없는 부모의 삶이 시작된다는 기

쉽지 않았던 시간이었지만
다행히도 전업 작가로 살며
내가 이 삶을 정말 사랑한다는 것을,
간절히 원한다는 것을 깨달았다.
그리고 앞으로도 계속해 나갈 수 있다는
믿음을 갖게 되었다.

대에 부풀었다. 하지만 얼마 안 돼 태아가 아프다는 걸 알게 되었다. 어떻게든 무사히 태어나기만을 간절히 바랐지만, 안타깝게도 세상에 나와보지도 못한 뱃속 아이와 이별해야만 했다. 초음파 사진으로만 만났던 아이와의 이별은 지금까지 경험했던 여러 이별과는 어딘가 형태와 온도가 다른 슬픔을 내게 안겨주었다. 가장 가까우면서도 낯선 존재와의 이별이었고, 그래서 뜨거운 눈물과 함께 나도 놀랄 정도의 차가운 마음으로 보낼 수 있었다. 이번 이별을 전후로 난 미세하지만 분명 달라졌다. 달라진 차이만큼 벌어진 상처에는 어쩔 수 없이 쓰라린 통증이 따랐고, 앞으로 시간이 흘러 새살이 돋아 상처가 아물어도 2024년의 통증은 쉽게 잊히지 않을 것 같다.

우리가 현재 마주한 시국을 보면 지금껏 겪어본 적 없는 굉장히 답답하고 뒤숭숭한 연말 같기도 하다. 전혀 예상치 못했던 폭력적인 비상식과 부조리가 우리가 사는 안온한 세계를 갑작스레 부수려 했다. 우리는 진심으로 걱정했으며, 분노했다. 불의에 일어섰고, 어긋 난 시대의 방향을 다시 제자리로 돌리기 위해 지금도 여전히 투쟁하고 있다. 그 과정이 순탄치만은 않아 따 듯한 사랑과 행복, 웃음만이 가득해야 마땅한 이 시기 가 다툼과 혼란으로 얼룩져 있다. 너무나 안타까운 상 황이다.

그럼에도 나를 비롯한 모두가 슬펐던 일, 화났던 일은 잠시 잊고 차분하고 편안한 마음으로 다사다난했 던 한 해를 잘 마무리할 수 있기를 바란다. 이왕이면 혼 자보다는 가족과, 친구와, 사랑하는 연인과, 혹은 돌아 보지 못했던 주변 사람과 함께이면 더 좋겠다. 비록 소 박하더라도 따스하고 다정한 온기를 서로 나누며 기쁨 과 사랑을 노래할 수 있기를 바란다. 시끄럽고 날 선 소 리는 잠시 끄고, 우리 모두 힘찬 목소리로 환희의 송가 를 부르며 2024년을 마무리할 수 있기를 희망한다.

환희의 송가를 부르며 한 해를 마무리하자는 작은 희망이 무색하게 12월 29일, 참담한 사고로 많은 생명이 희생되었습니다. 무안국제공항 여객기 사고의 희생자와 유가족에게 진심으로 애도의 마음을 전합니다.

48

새해 목표

2025.01.02.

전에 다니던 회사에선 새해가 시작되면 전 직원이 함께 회사의 작년 성과를 돌아보고, 올해 목표를 공유하는 시간을 갖곤 했다. 1년 동안 이룬 것을 평가하고, 부족했던 것을 반성하며, 앞으로 이루어야 할 것을 다짐하는 시간은 분명 새해를 맞이하여 마음을 다잡고 동기를 부여하는 데 도움이 되었다. 전업 작가로서 한 해를 보내고 새해를 맞이한 지금, 그래서 나도 간략하게나마 나름대로 그동안 성과를 확인하고 새로운 목표를 설정해 보려 한다.

　2024년, 글 쓰는 작가로서 내가 세운 목표는 크게 세 가지였다. 매주 한 편씩 짧은 에세이를 1년간 꾸준히 쓰기, 상반기에 단편소설집 출간, 그리고 마지막으로 하반기에 장편소설 출간까지. 단행본을 두 권이나 출간한다는 게 현실적으로 쉽지 않을 것 같긴 했지만, 그래도 야심만만하게 시작한 전업 작가이니 목표를 낮게 잡고 싶지는 않았다.

　짧은 에세이는 2024년 2월 1일 첫 편 「소박하지만 소중한」을 시작으로 같은 해 12월까지 47주 동안 총 47편을 썼다. 앞으로 1월 한 달 동안 다섯 편을 더 써서 52편이 완성되면 목표 달성이다. 한 편당 분량이 200자 원고지 10매 내외로 많지는 않지만, 그동안 에세이를 많이 써보지 않았기에 어색하기도 했고, 무엇보다 매주 꼬박꼬박 빼먹지 않고 쓴다는 게 절대 쉬운 일이 아니었다. 그래도 다행히 중간에 멈추지 않았고, 이제 서서히 끝이 보이기 시작한다. 지친 감도 없지 않아 있지만 끝까지 힘을 내 집중해서 만족스럽게 마무리 지어 보려 한다.

단편소설집은 하반기로 넘어가기 직전 겨우 출간하며 목표를 달성했다(『당신의 판타지아』, 6월 25일 출간). 소설집 완성을 위해 2월부터 5월까지 늦겨울과 봄에 걸쳐 도서관과 카페를 전전하며 수록될 단편소설들을 부지런히 썼던 기억이 난다. 마지막 한 편은 방향을 잡지 못해 조마조마했는데, 3월 말 다녀왔던 일본 여행에서 얻은 영감이 실마리가 되어 방향을 잡고 무사히 마무리할 수 있었다. 그때 또 한 번 깨달았다. 글이 잘 풀리지 않을 때 가만히 앉아 고민만 하는 것보단, 불안한 마음을 잠시 내려놓고 새로운 환경을 만나는 게 도움이 된다는 걸.

장편소설 출간은 끝내 실패했다. 하반기에 딱히 바쁜 것도 아니었고, 공모 사업에 선정돼 쾌적한 환경을 갖춘 작업공간도 지원받았기에 창작 여건은 충분했다. 사실 이런저런 이야기를 구상하기는 했다. 하지만 제대로 된 문장으로 풀어내지 못했고, 희미한 연기처럼 불분명한 형태로 머릿속을 떠다니기만 하던 이야기는 어느새 흔적도 없이 사라져 버렸다. 결국 소설은 흐지부지되었고, 그렇게 하반기는 훅 지나가 버렸다. 허송세월 시간을 허비한 난 전업 작가로서 직무 유기를 저지른 것이나 다름없었다. 장편소설 출간 실패는 없는 척 안 보이게 숨겨놓았던 나의 게으름을 다시 밖으로 드러낸 부끄럽고도 쓰라린 상처로 남았다.

그래도 목표 세 개 중 두 개를 이루었으니, 소소한 칭찬 정도는 해줘도 괜찮을지 모른다. 그런데 난 야박하게도 선뜻 그렇게 할 수가 없다. 목표 두 개를 달성한 만족감보다 나머지 한 개를 달성하지 못했다는 아쉬움과 불만이 훨씬 더 크기 때문이다. 못 이룬 목표 하나는 마치 목에 걸린 생선 가시처럼 지금도 나를 신경 쓰이게 하고, 불편하게 하고, 화나게 한다. 아마 충분히 할 수 있었음에도 게으름을 떨쳐내지 못한 채 지레 겁먹고 시도하지 않았기 때문에 더 그런 것 같다.

이제 2025년, 전업 작가 2년 차가 시작되었다. 2년 차가 되었다고 해서 작년보다 딱히 나아지거나 발전한 게 있는지는 잘 모르겠지만, 그래도 올해는 작년보다 목표를 조금 더 높게 잡아 단행본 세 권 출간에 도전해 보려 한다. 우선, 지금 쓰고 있는 에세이가 52편이 모이면 잘 다듬어서 나의 첫 산문집을 3월에 출간하고자 한다. 두 번째는, 2024년에 실패했던 장편소설 출간에 다시 도전해 6월에는 꼭 출간해 보고 싶다. 마지막으로, 6개월 정도 매주 한 편씩 원고지 20매 내외 분량의 짧은 소설을 써서 연말에 단행본으로 묶어 출간해 보려 한다.

이 목표들을 모두 달성하려면, 아마도 무척 정신없을 것이다. 부지런히 쓰고, 부지런히 발표하고, 부지런히 독자들에게 다가가야 한다. 그런데 사실 이건 전업 작가로서 당연히 해야 할 일이다. 대단하다거나 과한 게 아니다. 그러니 겁먹거나 부담 갖지 않고 나를 들들 볶으며 어떻게든 해내 보려 한다. 물론 쉽지 않다는 걸 잘 안다. 하지만 약한 마음 때문에 목표를 달성하지 못했을 때의 찜찜한 기분이 얼마나 나를 무기력하고 처지게 만드는지 겪어봐서 잘 알고 있다. 또다시 그런 기분을 느끼고 싶진 않다.

부지런히 쓰고,
부지런히 발표하고,
부지런히 독자들에게 다가가야 한다.
그런데 사실 이건
전업 작가로서 당연히 해야 할 일이다.

별수 없다. 할 수 있다는 믿음으로, 1년 동안 내 손에 쥐어질 새로운 책 세 권을 기대하며 해보는 수밖에. 2025년 올 한 해, 나의 건투를 빈다.

<hr>

저는 원래 이렇게 목표를 세우고 움직이는 성격은 아니었습니다만, 이제는 아무도 대신 목표를 제시해주지 않으니…… 어쩔 수 없지 않겠습니까?

49

글쓰기 근육

———————

2025.01.09.

종종 이런 상상을 한다. 쓰고자 마음만 먹으면 머릿속에서 막힘없이 문장이 떠올라 누에고치에서 실을 뽑아내듯 글을 줄줄 써 내려가는 상상. 하지만 난 불행하게도 영화 속 월터가 아니기에 상상은 그저 상상으로만 끝이 날 뿐, 현실의 난—특히 요즘의 난—뭔가 쓰려고 자리에 앉으면 창백한 화면 속 깜빡이는 커서만 멍하니 바라보고 있다. 가끔, 아니, 어쩌면 쉴 새 없이 한숨을 푹푹 쉬며. 사정을 모르는 사람에게 그런 나의 모습은 무슨 엄청난 고뇌에 빠진 것처럼 보일 것이다. 아닌 게 아니라 고뇌에 빠진 게 맞다. 써야 하는 사람에게 뭘 써야 할지 모르는 것보다 더 큰 고뇌가 있을까?

　사실 작년 말부터 글쓰기가 좀처럼 마음대로 되지 않는다. 왜 이렇게 됐을까 생각해 보니—핑계 같긴 하지만—최근 몇 달간 이런저런 개인적인 일로 정신이 없기도 했고, 외부 활동에 열중하느라 글쓰기를 잠시 멀리한 탓도 있다. 뭐 이유야 어떻든, 한 번 흐트러진 리듬은 좀처럼 회복되지 못하고 있다. 글을 쓰기 위해 의자에 앉아도 한 줄 쓰기가 쉽지 않고, 계속 딴짓만 하게 된다. 인터넷 기사, 인스타그램 릴스, 유튜브 쇼츠. 세상엔 어쩜 이리 재밌고 흥미로운 것들이 많은지. 신선놀음에 도낏자루 썩는 줄 모른다는 말처럼 정신 놓고 딴짓하다 보면 시간은 훌쩍 지나가 있고, 그제야 자괴감이 밀려와 속으로 이렇게 되뇐다. 정신 차려, 쫌!

　글을 쓰기 위해서도 근육이 필요하다고 한다. 일명 '글쓰기 근육'. 진짜 근육은 아니고, 글을 집중해서 꾸준히 쓸 수 있게 해주는 능력 또는 습관을 의미한다. 실제 근육처럼 반복적이고 꾸준한 훈련, 예를 들어 규칙적인 글쓰기나 다독, 필사 등을 통해 늘릴 수 있다. 지

써야 하는 사람에게

뭘 써야 할지 모르는 것보다 더 큰 고뇌가 있을까?

난 5년 동안 나름대로 조금씩 글쓰기 근육을 늘려 왔는데, 아무래도 최근 한눈을 판 사이 그나마 늘려 놓았던 얼마 안 되는 글쓰기 근육이 모조리 빠져버린 느낌이다. 글쓰기를 위한 사고와 의지의 탄력과 단단함은 사라지고 마치 지방처럼 물렁물렁 흐물흐물해져 버렸다.

소설가 무라카미 하루키는 매일 오전 네 시부터 정오까지 200자 원고지 20매 분량의 글을 쓴다고 한다. 글이 안 써지는 날에도 이 시간과 분량은 어떻게든 꼭 지킨다고 하는데, 어떻게 그럴 수 있는지 그저 대단하다는 생각밖에 안 든다. 그의 글쓰기 근육은 얼마나 크고 단단할까? 아마 짐작도 할 수 없을 정도일 것이다. 그의 그런 글쓰기 근육이 부럽고, 가능하다면 뺏고 싶은 마음이다. 하지만 그건 불가능하니(가능할 리가 없지 않은가!), 스스로 글쓰기 근육을 다시 늘리는 수밖에 없다. 그래서 최근 몇 가지 방법을 시도하고 있다. 우선 —겨우 이틀째긴 하지만—이른 아침에 글 쓰는 시간을 다시 갖기 시작했다. 사실 예전부터 글은 오후보다 오전 이른 시간에 훨씬 잘 써졌는데, 전업 작가 생활을 시작하면서 어쩌다 보니 오전 일찍 글 쓰는 습관이 사라졌다. 그래서 늘 아쉬웠는데, 이번에 다시 독하게 마음을 먹고 이른 아침에 글 쓰는 시간을 가져보기로 했다. 그렇다고 하루키처럼 4시부터 글을 쓰는 건 도저히 안 될 것 같아 6시에 일어나 글을 쓰고 있다. 물론 이 시간대라고 해서 뭘 써야 할지 영감이 번쩍번쩍 떠올라 글이 술술 써지진 않는다. 하지만 최소한 아침 일찍 일어난 게 아까워서라도 딴짓은 덜 하게 된다. 그리고 딴짓을 안 하니 뭐라도 쓰게 되긴 한다.

글쓰기 근육을 늘리기 위한 또 다른 방법으로, 요즘 잠들기 전에 다른 작가들의 소설을 읽고 있다. 너무 내 글에만 매몰되어 있으면 사고의 폭도 좁아지고, 그럴수록 글도 더 안 써지게 마련이기에 그동안 사놓기만 하고 그대로 책장에 꽂아 놓았던 책들을 꺼내 매일 읽고 있다. 길게는 아니고 30분 내외, 보통 단편 소설 한 편 정도다. 한 권의 책을 처음부터 끝까지 읽기보다는 그때그때 마음이 가는 부분을 자유롭게 읽고 있다. 이렇게 매일 접하는 다른 작가들의 멋진 문장과 유려한 스토리텔링이 내게 자극을 주고 신선한 영감을 더해줄 수 있기를 기대하고 있다.

실제 근육의 증가 여부는 운동 이후 체형의 변화나 체성분 수치의 변화로 확인할 수 있지만 글쓰기 근육은 그러기가 쉽지 않다. 지난한 반복의 시간을 거친 후 어느 날 글쓰기가 전보다 수월해지고 자연스러워졌음을 느꼈을 때, 이제야 조금 글쓰기 근육이 늘었구나, 하고 깨달을 수 있을 뿐이다.

반복적으로 쪼개지고 갈라지는 고통의 시간을 거쳐야 실제 근육이 커지고 단단해지듯, 글쓰기 근육을 늘리는 과정에도 분명 고통이 수반된다. 어쩌면 실제 근육을 늘리는 것보다 더 고통스럽고 어려울지도 모른다. 그래도 시작했으니 어떻게든 글쓰기 근육을 늘려보려 한다. 지난번 대놓고 내뱉은 거창한 새해 목표를 이루기 위해서라도 말이다. 이루지 못했을 때 마주할 민망함보다는 차라리 근육을 만들기 위한 고통이 낫다.

제가 제일 싫어하는 운동은 점프 스쾃 같은 하체 운동입니다. 허벅지가 타들어 가는 듯한 그 느낌. 아, 정말 싫습니다. 그런데 트레이너는 꼭 싫어하는 걸 자주 시키더라고요.

50

무엇보다 건강

2025.01.16.

지난주 금요일부터 감기 기운이 스멀스멀 느껴졌다. 곧 괜찮아지겠지, 생각하며 크게 신경 쓰지 않았는데 웬걸, 월요일 아침이 되자 증상이 절정에 달하고 말았다. 침을 삼킬 때조차 고통스러울 정도로 목구멍이 아팠고, 전날까진 없었던 잔기침도 슬슬 뱉기 시작했다. 그리고 코가 완전히 꽉 막혀 숨쉬기 힘들 정도였다. 이런 상태에서 수면 질도 좋을 리 없어 잠을 설쳤더니 몸은 무겁고 머리는 멍했다. 다행히 열이 있거나 몸살 증상은 없어서 독감은 아닌 듯했지만, 그냥 가만히 쉰다고 금방 나을 수준이 아니었다. 게다가 월요일 저녁엔 소설 쓰기 모임이 있어서—진행자인 내가 아프다고 취소할 수도 없어서—쉴 수도 없었다. 어떻게든 몸 상태를 회복해야만 했다. 그래서 가까운 병원을 검색해 서둘러 방문했다.

사실 난 웬만큼 아프거나 증상이 심하지 않으면 병원에 잘 가지 않는다. 조금 미련할 정도인데, 아내는 이런 나에게 제발 조금이라도 아프면 바로바로 병원에 가라고 한다. 사실 이번에도 아내는 내가 일요일에 감기 기운으로 골골대고 있을 때 문을 여는 병원이 있으니 다녀오라고 진즉 말했다. 하지만 난 푹 쉬고 나면 괜찮아질 거라는 이상한 고집을 부리며 아내의 말을 듣지 않았다. 그러다 결국 이 사달이 난 거다. 아내 말을 듣지 않은 어리석은 자의 최후였다. 어쨌든, 병원에 다녀와 처방받은 약을 먹었더니 효과가 있는지 상태가 조금 호전된 듯했다. 난 다행이라 여기며 소설 쓰기 모임은 문제없겠다고 생각했다.

하지만 그렇지 않았다. 두 시간 내내 떠드는 건 내 생각보다 더 몸에 무리를 주는 행위였나 보다. 모임을 시작한 후 시간이 지날수록 서서히 잠기기 시작하던 내 목소리는 모임이 끝날 때쯤 완전히 가라앉아 제대로 나오질 않았고, 목소리뿐만 아니라 전체적인 목 상태나 코막힘이 오전보다 더 안 좋아지고 말았다. 이렇게 나빠진 상태는 약을 먹어도 쉽게 나아지지 못했고, 결국 이 글을 쓰고 있는 지금—자그마치 수요일!—까지 여전히 이어지고 있다. 처방 약도 다 먹어가는데 이 모양이니, 그토록 가기 싫어하는 병원에 한 번 더 가야 할 것 같다는 불길한 예감이 든다.

몸이 아프면 단지 신체활동만 제약받는 게 아니다. 아픈 게 계속되면 기분이 가라앉고 아무것도 하기 싫은 무력감에 빠지기 쉽다. 그러면서 일의 능률이나 생산성도 크게 떨어진다. 생활 리듬도 깨지고, 외부 일정도 제대로 수행할 수 없게 되어 사회생활에도 영향을 미치게 된다. 한마디로 일과 생활 모두 엉망이 되기 쉬운데, 안타깝게도 지금 내가 바로 그러한 상황이다. 책상에 앉아 글을 쓰는 작업은 생각보다 더 예민하고 집중력이 필요한 작업이라 정신적, 신체적 컨디션이 굉장히 중요하다. 하지만 기침과 콧물이 멈추지 않고 잠도 부족해

이래저래 컨디션이 바닥인 지금 같은 상태로는 창작이 제대로 될 리 없다.

회사에 다닐 때는 몸이 안 좋으면 병가를 쓰고 결근하곤 했다. 그렇다고 회사 업무에 심각한 영향이 가는 경우는 없었다. 내 업무가 처리되지 못하고 쌓이는 경우는 있겠지만(사실 이런 경우도 그다지 흔치는 않다), 만에 하나 내가 없어 회사 업무에 영향이 생길 것 같으면 다른 누군가가 나를 대체해 업무를 처리하곤 했다. 회사라는 조직에서 그건 당연하고도 자연스러운 조치였고(물론 나 대신 일을 처리해 준 동료에겐 개인적인 고마움과 미안함은 느꼈다), 나는 항상 대체 가능한 자원이었다. 나뿐만 아니라 회사에 속한 사람 중 극히 일부를 제외한 모두가 그랬다.

하지만 작가는 적어도 글쓰기에서만큼은 대체 불가능하다. 작가가 자신의 작품에서 손을 놓고 있으면 그 작품은 단 한 글자도 더 나아가지 못한다. 누군가 나타나 "제가 대신 써줄 테니 걱정하지 마세요" 하며 작품을 완성해 주는 일은 안타깝게도 일어날 가능성이 매하지만 작가는 적어도 글쓰기에서만큼은 대체 불가능하다.
작가가 자신의 작품에서 손을 놓고 있으면
그 작품은 단 한 글자도 더 나아가지 못한다.
누군가 나타나 "제가 대신 써줄 테니 걱정하지 마세요" 하며
작품을 완성해 주는 일은
안타깝게도 일어날 가능성이 매우 희박하다

우 희박하다(그런 일이 일어났으면 좋겠다는 상상은 자주 한다). 그러니 작가가 자신의 작품을 완성하려면 어떻게든 스스로 문장을 써나가야 하고, 마지막 마침표까지 찍어야 한다.

~

다른 어떤 일도 마찬가지겠지만, 글쓰기는 몸과 마음의 건강 상태가 매우 중요하다. 창작에서 가장 중요하고도 기본이 되는 조건은—내 생각에는—반짝이는 창의성이나 예리한 감수성이 아닌 바로 건강함이다. 건강하지 못한 몸으로는 제대로 된 창작 활동을 지속하기 어렵다. 무엇보다 건강하지 못하면 책상 앞에 앉아 있는 것부터 힘들다. 그래서 나도 전업 작가 생활을 시작한 후 건강한 몸을 위해 운동도 꾸준히 하고, 식습관도 바꾸려 나름 많은 노력을 기울였다. 그런데도 이 상태인 걸 보면 아직도 많이 부족한 모양이다.

지금 난 글쓰기에 있어서만큼은 내가 아플 때 날 대신해 줄 조직도, 동료도 없다. 혈혈단신 외로운 존재다. 그러니 내가 가장 믿어야 하는 건, 가장 소중히 여겨야 하는 건 내 몸, 즉 나 자신뿐일지도 모른다. 내 몸에, 내 건강에 책임감을 느끼고 지금보다 더 면밀하게 보살펴야만 한다.

그러니 이제부터는 쓸데없는 고집 그만 부리고 아프면 바로바로 병원에 가자.

올겨울 독감이 크게 유행했습니다. 예전엔 훗, 독감 따위, 라며 신경도 안 썼는데, 주변에 걸려서 크게 고생한 사람들을 보니 이제는 대비해야겠다는 생각이 듭니다. (그리고 이제 나이도 많이 먹었으니까요.)

아버지의 시집

―――――――

2025.01.23.

지금으로부터 약 10년 전쯤, 아버지는 일흔이 넘은 연세에 한 공공시설(아마도 복지관이나 문화센터 같은 시설)에서 운영하는 시 창작 수업을 듣기 시작하셨다. 아버지가 시에 관심이 있었는지 전혀 몰랐기에 나는 조금 놀랐던 기억이 있다. 하지만 그렇다고 시를 배우는 아버지에게 특별한 의미를 부여하거나 큰 관심을 기울이진 않았다. 당시 아버지는 퇴직 후 이런저런 소일거리로 시간을 보내곤 했고, 시를 쓰는 것도 그러한 심심풀이 중 하나라고 여겼기 때문이다. 그저 얼마간 하다가 자연스레 그만두겠지 생각했다.

하지만 예상과 다르게 아버지는 이후 꽤 긴 시간 꾸준히 수업을 듣고 시를 썼다. 한 문예지에 시를 발표하며 소위 등단을 하기도 했다. 아마도 아버지는 단지 스쳐 지나가는 취미처럼 가벼운 마음으로 시를 쓰기 시작한 건 아니었던 듯하다. 꽤 오래전부터—어쩌면 젊은 시절부터—시에 관심이 많았고, 언젠가는 시를 쓰고 싶다는 꿈을 꾸었는지도 모른다. 하지만 반복되는 일상을 살아가는 데, 가족을 책임지는 데 온 힘을 쏟다 보니 시 한 줄 적을 여유가 없었을 수도 있다. 그러다 느지막이 삶의 여유가 찾아왔을 때, 그제야 용기를 내 오랫동안 바랐던 일을 시작하셨던 건 아닐까.

그렇게 아버지가 한 편 한 편 자신의 시를 차곡차곡 쌓아가며 어느새 팔순을 넘겼을 때, 난 아버지에게 시집을 만들어보자고 제안했다. 출판사를 운영하며 직접 책을 만들고 출판까지 하는 아들이었으니 당연한, 어쩌면 너무 늦은 제안이었다. 처음에 아버지는 자신이 무슨 시집이냐고 손사래 쳤다. 부끄러웠던 건지도 모르지만, 그보다는 아들한테 괜히 수고를 끼칠까 미안해서 그런 것 같았다. 난 전혀 어렵지 않다고, 그리고 그동안 쓴 시를 책으로 엮으면 분명 본인에게도 의미 있는 선물이 될 거라고 아버지를 설득했다. 결국 아버지는 그럼 한번 만들어보자고 했고, 몇 년간 소중하게 모은 시 중에서 고르고 골라 정성을 들여 고쳐 쓴 50여 편의 시를 내게 건넸다.

그렇게 2022년 12월, 아버지의 첫 시집 『시에 시를 담아』가 만들어졌다. 판매용도 아니었고 50부만 인쇄한 소박한 시집이었지만 아버지의 기분이 얼마나 감격스러웠을지 누구보다 잘 알 수 있었다. 비록 많이 늦었지만, 자신이 쓴 시가 물성을 가진 책이 되어 두 손으로 어루만질 수 있는 경험을 아버지에게 주었다는 것에 나 또한 뿌듯했다. 아버지는 자신의 시집을 지인들에게 선물했고, 금세 부족해진 시집을 몇 번에 걸쳐 추가 인쇄까지 했다. 시집을 선물하고 감상을 전해 들을 때 아버지는 진심으로 기쁘고 행복했을 것이다. 나도 내 소설책이 독자들에게 전해졌을 때 그랬으니까.

시집이 나온 이후 아버지는 이전만큼 시를 쓰지는 않으셨다. 연세가 적지 않은 탓도 분명 있었고, 어쩌면 자신이 예전부터 원했던 걸 이뤘으니 이제는 여한이 없다고 생각한 건지도 모르겠다. 그런 아버지에게 나는 가끔 시집 한 권 더 내야 하지 않겠냐고 말했다. 지나가는 말처럼 했지만, 분명 나의 진심이었다. 아버지가 더 늦기 전에 한 번 더 충만한 만족과 행복을 누리길 바랐다. 아버지는 됐다고 했지만, 그 대답에 짙게 배어있는 미련을 난 느낄 수 있었다.

작년 말, 나는 아버지에게 한 권 더 만들어보자고 진지하게 제안했고, 아버지도 못 이기는 척 그러자고 하셨다. 아버지는 이전에 실리지 못한 시 중에서 일부를 추려 시간을 들여 고쳐 썼다. 여든 중반의 연세에 분명 체력적으로 쉽지 않은 작업이었을 테지만 아버지는 기한 내에 작업을 마치고 첫 시집보다는 조금 줄어든 40여 편의 시를 내게 건넸다. 난 바로 제작에 들어갔고, 2월 중 아버지의 두 번째 시집이 나올 예정이다.

아버지의 시에는 어머니, 고향, 친구들, 그리고 도시의 이름 없는 존재와 풍경들이 꽤 자주 등장한다. 모두 아련하고, 애틋하고, 외롭고, 그래서 조금은 서글픈

시적 이미지들이다. 그래서 아버지의 시를 읽으면 아름답고도 모호한 시어가 머금은 그리움과 쓸쓸함, 고독과 슬픔이 느껴진다. 아버지에게 시를 쓴다는 건 어쩌면 지금까지의 짧지 않은 인생과 그 속에서 만났던 잊지 못할 인연들, 그리고 주변 사물을 세심하게 돌아보고 가만히 마주하는 행위였을지도 모르겠다. 그러한 행위를 통해 자신이 통과했던 길고도 굴곡진 시간이 만든 켜켜이 쌓인 흔적을 차분하게 정리했던 건 아니었을까. 그리고 이제 얼마 남지 않은 삶의 여백을 그저 공허하게 비워두기보다는 자신만의 방식으로, 온 마음을 다해 정성 들여 한 글자 한 글자 다듬은 시어로 조금씩 채워나간 건 아니었을까. 아버지에게 시가, 시를 쓴다는 행위가 어떤 의미를 갖는지 알 수는 없다. 그저 자신의 오래된 삶과 추억을 반추하기에, 그래서 무엇보다 애틋하고도 소중하지 않았을까 추측만 해볼 뿐이다. 그런 아버지의 시를 모아 다른 사람이 아닌 내 손으로 직접 시집을 만들었다는 건 나에게 무척이나 뜻깊고, 또 다행스러운 일이다.

아버지에게 시가, 시를 쓴다는 행위가
어떤 의미를 갖는지 정확히 알 수는 없다.
그저 자신의 오래된 삶과 추억을 반추하기에,
그래서 무엇보다 애틋하고도 소중하지 않았을까 추측만 해볼 뿐이다.
그런 아버지의 시를 모아
다른 사람이 아닌 내 손으로 직접 시집을 만들었다는 건
나에게 무척이나 뜻깊고, 또 다행스러운 일이다.

지금도 난 스스로 작가나 소설가라고 소개할 때면 왠지 모르게 어색하다. 그렇게 생각할 필요가 없는데도 불구하고 아직 유명하지 않아서, 또는 누구에게나 인정받을 만한 작품을 발표하지 못해서 스스로 부끄러움을 느낀다. 하지만 분명한 건, 소설을 쓰면 누가 뭐래도 소설가다. 마찬가지로 시를 쓰면 시인이다. 아버지는 늦은 나이에 시를 쓰기 시작해 그렇게 시인이 되었고, 시인의 아들은 소설을 쓰고 소설가가 되었다. 부자간에 어떠한 유전적 특징이나 문학적 감수성이 이어졌는지, 아니면 후천적으로 서로가 영향을 주고받았는지는 알 수 없다. 사실 그런 건 그다지 중요하지 않다. 아버지는 내게 시인이고 그의 아들인 나는 소설가라는 사실이, 아니, 그저 내가 아버지의 아들이란 사실이 중요할 뿐이다.

아버지가 시를 쓰셔서, 그리고 내가 그의 아들이어서 감사하다.

직접 책을 만들고 출간하게 된 이후, 가장 잘했다고 여기는 일이 아버지의 시집을 손수 제작한 것입니다. 그나마 자식 노릇한 것 같아서요.

내가 걸어가는 길

2025.01.30.

중학교 1학년, 아니 2학년 때였나. 국어 시간에 선생님께서 학생들에게 '길'을 주제로 짧은 글짓기를 시켰다. 기억이 완벽하진 않지만 난 대충 이런 내용의 글을 썼다. 사람은 길을 걷는다. 그 길은 때론 평탄하지만 때론 가파르기도 하며, 넓을 때도 있지만 매우 협소할 때도 있고, 곧게 뻗어있다가도 어느 순간 구불구불해지기도 한다. 수많은 갈림길에서 어디로 향할지 선택이 필요하며, 그렇게 향한 곳은 원하던 곳일 수도 있고 전혀 예상치 못했던 곳일 수도 있다. 그리고 걸어가다 보면 언젠가는 길이 끝나는 순간을 마주할 수밖에 없다.

길을 걷는 것을 사람의 인생에 빗대어 쓴 글이었는데, 선생님께서는 내 글이 뭔가 모범이 된다고 생각했는지 내게 반 아이들 앞에서 소리 내어 읽어보라고 하셨다. 난 부끄러움과 자랑스러움이 혼재된 묘한 기분을 느끼며 주뼛주뼛 읽었던 기억이 있다.

거의 30년이 다 되어가는 오래된 기억이 뜬금없이 생각난 건, 전업 작가 생활 만 1년을 며칠 앞둔 지금 갑자기 이런 질문이 떠올랐기 때문이다. 난 어쩌다가 전업 작가라는 길에 들어서게 됐을까? 생각해 보면 전혀 예상 못 했던 길이었다. 불과 5년 전까지만 해도 내가 그동안 걸었던, 그리고 앞으로 걸어야 할 길에 소설가라는 길(혹은 조금이라도 비슷한 길)은 아예 없었다.

수능시험을 보고 본격적으로 나의 길을 선택해야 할 시기가 되었을 때, 난 어릴 적 그렸던 수많은 장래 희망 중 그나마 가장 현실적이라 생각한 건축가의 길을 가려 했다. 이후 대학을 졸업할 즈음 경로를 바꿔 도시 계획의 길에 들어섰는데, 건축과 완전히 동떨어지지도 않으면서 건축보다는 내 적성과 더 어울린다고 생각해 선택한 길이었다.

도시계획의 길은 흥미롭기도 했지만 내 생각보다 험하고 가팔라 난 종종 거친 숨을 헐떡이며 힘들어했다. 가끔 이 길에 들어선 게 후회되기도 해서 조금 더 편하고 안정적인 길을 찾아 주변을 기웃거리기도 했다. 그래도 10년 이상 묵묵히 걷다 보니 내가 걷는 길에 그런대로 익숙해졌고, 길도 조금씩 완만해지고 넓어지는 게 느껴졌다. 아마 계속 걸었다면 내 앞에는 더 넓고 편안한 길이 펼쳐졌을지도 모른다.

하지만 몇 년 전 동네 서점의 글쓰기 모임을 시작한 이후부터, 그리고 소설을 쓰고 독립출판을 한 이후부터 내 눈앞에 다른 길이 어른거리기 시작했다. 그 길은 내가 이전까지 걷던 길과는 사뭇 달랐다. 잘 정비된 길과는 다른, 마치 깊은 숲속으로 연결되는 비밀스러운 오솔길처럼 보였다. 협소하고, 어두우며, 그 끝에 무엇이 기다리고 있을지 전혀 알 수 없는 길. 하지만 그래서 왠지 더 궁금하고 끌리는 길. 한참을 주변에서 서성이던 난 결국 이제 겨우 익숙해지고 편안해지기 시작한 길을 벗어나 과감하게 미지의 길로 들어섰다. 바로 1년 전 이맘때, 전업 작가의 길로 들어선 것이다.

나를 아는 사람 누구도, 심지어 나조차도 전혀 생각해 본 적 없던 길에 들어섰다. 모험보다는 안정을, 새로움보다는 익숙함을 선호하던 내게 이 선택은 분명 너무나 파격적이었다. 아마 그동안 갈림길을 마주했을 때마다 그랬던 것처럼 이성적으로 판단했다면 절대 선택하지 않았을 길이었다.

하지만 1년 전 그때 나를 지금의 길로 이끈 건 차가운 머리가 아니었다. 뜨거운 나의 심장, 그 심장이 어느 때보다 격정적이고 생기 넘치게 뛰며 울리던 박동 소리였다. 그 소리는 내게 마음이 원하는 방향을 향해 가라고 속삭였고, 두려워할 것 없다고 격려했다. 주저하고 고민하던 난, 결국 내 심장의 소리를 따랐다.

그렇게 이 길을 걷기 시작한 지 이제 1년, 52주의 시간이 지났다. 길지도, 그렇다고 짧지도 않은 시간 동안 난 아직 길의 초입에서 멀리 오지 못했다. 내 앞으로 보이는 길은 여전히 좁고, 평탄하지 않으며, 이리저리 굽어 있다. 때때로 장애물에 가로막혀 있기도 하다. 그런 길을 여기저기 부딪치고 넘어지며 지금도 서투른 걸음으로 걸어가고 있다. 이런 나를 보며 누군가는 어디에 도달할지 모르는 이 길을 포기하고 원래 걷던 길로 다시 돌아가기를 바랄지도 모른다.

하지만 적어도 지금의 나는 내가 걷고 있는 이 길에서 벗어날 마음이 전혀 없다. 지난 1년 동안 이 길을 선택한 나의 결정을 단 한 순간도 후회하지 않았다. 단 한 순간도 뒤를 돌아보지 않았다. 길을 걷는 동안 외롭고 불안했지만, 동시에 이 길을 더욱 사랑하게 되었다. 그리고 내 선택이 틀리지 않았음을 확신하게 되었다.

～

이 길을 언제까지 걸을지는 알 수 없다. 이 길이 어디로 이어질지, 어디로 나를 보낼지도 알 수 없다. 어느 순간 갈림길이 나올지도 모르고, 그때 난 또 예상하지 못한 선택을 할지도 모른다. 확실한 건 아무것도 없다.

지난 1년 동안 이 길을 선택한 나의 결정을
단 한 순간도 후회하지 않았다.
단 한 순간도 뒤를 돌아보지 않았다.
길을 걷는 동안 외롭고 불안했지만,
동시에 이 길을 더욱 사랑하게 되었다.
그리고 내 선택이 틀리지 않았음을 확신하게 되었다.

그럼에도 난 불안과 의심을 넘어 모든 게 불확실한 이 길 위로 계속해서 한 걸음 한 걸음 조심스럽게 발걸음을 내디딘다. 천천히, 그리고 조금씩. 그렇게 멈추지 않고 나아간다. 지금까지 그래왔고, 앞으로도 그럴 것이다.

내가 걸어가는 길.
포기하지 않는 한, 그 길은 사라지지 않을 테니까.

누가 뭐라 해도 자신만의 길을 걸어가는 모든 이들을 존경합니다. 진심을 담아 응원합니다.

아름답고 감각적인 사진으로
따스한 온기와 감성을 더해준 해막 작가님께
감사의 마음을 전합니다.